は　し　が　き

　平成 29 年 3 月に告示された小学校学習指導要領が，令和 2 年度から全面実施されます。

　今回の学習指導要領では，各教科等の目標及び内容が，育成を目指す資質・能力の三つの柱（「知識及び技能」，「思考力，判断力，表現力等」，「学びに向かう力，人間性等」）に沿って再整理され，各教科等でどのような資質・能力の育成を目指すのかが明確化されました。これにより，教師が「子供たちにどのような力が身に付いたか」という学習の成果を的確に捉え，主体的・対話的で深い学びの視点からの授業改善を図る，いわゆる「指導と評価の一体化」が実現されやすくなることが期待されます。

　また，子供たちや学校，地域の実態を適切に把握した上で教育課程を編成し，学校全体で教育活動の質の向上を図る「カリキュラム・マネジメント」についても明文化されました。カリキュラム・マネジメントの一側面として，「教育課程の実施状況を評価してその改善を図っていくこと」がありますが，このためには，教育課程を編成・実施し，学習評価を行い，学習評価を基に教育課程の改善・充実を図るという P D C A サイクルを確立することが重要です。このことも，まさに「指導と評価の一体化」のための取組と言えます。

　このように，「指導と評価の一体化」の必要性は，今回の学習指導要領において，より一層明確なものとなりました。そこで，国立教育政策研究所教育課程研究センターでは，「幼稚園，小学校，中学校，高等学校及び特別支援学校の学習指導要領等の改善及び必要な方策等について（答申）」（平成 28 年 12 月 21 日中央教育審議会）をはじめ，「児童生徒の学習評価の在り方について（報告）」（平成 31 年 1 月 21 日中央教育審議会初等中等教育分科会教育課程部会）や「小学校，中学校，高等学校及び特別支援学校等における児童生徒の学習評価及び指導要録の改善等について」（平成 31 年 3 月 29 日付初等中等教育局長通知）を踏まえ，このたび「『指導と評価の一体化』のための学習評価に関する参考資料」を作成しました。

　本資料では，学習評価の基本的な考え方や，各教科等における評価規準の作成及び評価の実施等について解説しているほか，各教科等別に単元や題材に基づく学習評価について事例を紹介しています。各学校においては，本資料や各教育委員会等が示す学習評価に関する資料などを参考としながら，学習評価を含むカリキュラム・マネジメントを円滑に進めていただくことで，「指導と評価の一体化」を実現し，子供たちに未来の創り手となるために必要な資質・能力が育まれることを期待します。

　最後に，本資料の作成に御協力くださった方々に心から感謝の意を表します。

　令和 2 年 3 月

国立教育政策研究所
教育課程研究センター長
笹　井　弘　之

目次

※本冊子については，改訂後の常用漢字表（平成22年11月30日内閣告示）に基づいて表記してい
　ます。（学習指導要領及び初等中等教育局長通知等の引用部分を除く）

第1編

総説

第1編　総説

本編においては，以下の資料について，それぞれ略称を用いることとする。

答申：「幼稚園，小学校，中学校，高等学校及び特別支援学校の学習指導要領等の改善及び必要な方策等について（答申）」　平成28年12月21日　中央教育審議会

報告：「児童生徒の学習評価の在り方について（報告）」　平成31年1月21日　中央教育審議会　初等中等教育分科会　教育課程部会

改善等通知：「小学校，中学校，高等学校及び特別支援学校等における児童生徒の学習評価及び指導要録の改善等について（通知）」　平成31年3月29日　初等中等教育局長通知

第1章　平成29年改訂を踏まえた学習評価の改善

1　はじめに

　学習評価は，学校における教育活動に関し，児童生徒の学習状況を評価するものである。答申にもあるとおり，児童生徒の学習状況を的確に捉え，教師が指導の改善を図るとともに，児童生徒が自らの学びを振り返って次の学びに向かうことができるようにするためには，学習評価の在り方が極めて重要である。

　各教科等の評価については，学習状況を分析的に捉える「観点別学習状況の評価」と「評定」が学習指導要領に定める目標に準拠した評価として実施するものとされている[1]。観点別学習状況の評価とは，学校における児童生徒の学習状況を，複数の観点から，それぞれの観点ごとに分析する評価のことである。児童生徒が各教科等での学習において，どの観点で望ましい学習状況が認められ，どの観点に課題が認められるかを明らかにすることにより，具体的な学習や指導の改善に生かすことを可能とするものである。各学校において目標に準拠した観点別学習状況の評価を行うに当たっては，観点ごとに評価規準を定める必要がある。評価規準とは，観点別学習状況の評価を的確に行うため，学習指導要領に示す目標の実現の状況を判断するよりどころを表現したものである。本参考資料は，観点別学習状況の評価を実施する際に必要となる評価規準等，学習評価を行うに当たって参考となる情報をまとめたものである。

　以下，文部省指導資料から，評価規準について解説した部分を参考として引用する。

---

[1] 各教科の評価については，観点別学習状況の評価と，これらを総括的に捉える「評定」の両方について実施するものとされており，観点別学習状況の評価や評定には示しきれない児童生徒の一人一人のよい点や可能性，進歩の状況については，「個人内評価」として実施するものとされている。（P.6〜11に後述）

> ## （参考）評価規準の設定（抄）
>
> （文部省「小学校教育課程一般指導資料」（平成5年9月）より）
>
> 　新しい指導要録（平成3年改訂）では，観点別学習状況の評価が効果的に行われるようにするために，「各観点ごとに学年ごとの評価規準を設定するなどの工夫を行うこと」と示されています。
>
> 　これまでの指導要録においても，観点別学習状況の評価を適切に行うため，「観点の趣旨を学年別に具体化することなどについて工夫を加えることが望ましいこと」とされており，教育委員会や学校では目標の達成の度合いを判断するための基準や尺度などの設定について研究が行われてきました。
>
> 　しかし，それらは，ともすれば知識・理解の評価が中心になりがちであり，また「目標を十分達成（＋）」，「目標をおおむね達成（空欄）」及び「達成が不十分（－）」ごとに詳細にわたって設定され，結果としてそれを単に数量的に処理することに陥りがちであったとの指摘がありました。
>
> 　今回の改訂においては，学習指導要領が目指す学力観に立った教育の実践に役立つようにすることを改訂方針の一つとして掲げ，各教科の目標に照らしてその実現の状況を評価する観点別学習状況を各教科の学習の評価の基本に据えることとしました。したがって，評価の観点についても，学習指導要領に示す目標との関連を密にして設けられています。
>
> 　このように，学習指導要領が目指す学力観に立つ教育と指導要録における評価とは一体のものであるとの考え方に立って，各教科の目標の実現の状況を「関心・意欲・態度」，「思考・判断・表現」，「技能・表現（または技能）」及び「知識・理解」の観点ごとに適切に評価するため，「評価規準を設定する」ことを明確に示しているものです。
>
> 　「評価規準」という用語については，先に述べたように，新しい学力観に立って子供たちが自ら獲得し身に付けた資質や能力の質的な面，すなわち，学習指導要領の目標に基づく幅のある資質や能力の育成の実現状況の評価を目指すという意味から用いたものです。

2　平成29年改訂を踏まえた学習評価の意義

（1）学習評価の充実

　平成29年改訂小・中学校学習指導要領総則においては，学習評価の充実について新たに項目が置かれた。具体的には，学習評価の目的等について以下のように示し，単元や題材など内容や時間のまとまりを見通しながら，児童生徒の主体的・対話的で深い学びの実現に向けた授業改善を行うと同時に，評価の場面や方法を工夫して，学習の過程や成果を評価することを示し，授業の改善と評価の改善を両輪として行っていくことの必要性を明示した。

・児童のよい点や進歩の状況などを積極的に評価し，学習したことの意義や価値を実感できるようにすること。また，各教科等の目標の実現に向けた学習状況を把握する観点から，単元や題材など内容や時間のまとまりを見通しながら評価の場面や方法を工夫して，学習の過程や成果を評価し，指導の改善や学習意欲の向上を図り，資質・能力の育成に生かすようにすること。

・創意工夫の中で学習評価の妥当性や信頼性が高められるよう，組織的かつ計画的な取組を推進するとともに，学年や学校段階を越えて児童の学習の成果が円滑に接続されるように工夫すること。

（小学校学習指導要領第1章総則　第3教育課程の実施と学習評価　2学習評価の充実）
（中学校学習指導要領にも同旨）

（2）カリキュラム・マネジメントの一環としての指導と評価

　　各学校における教育活動の多くは，学習指導要領等に従い児童生徒や地域の実態を踏まえて編成された教育課程の下，指導計画に基づく授業（学習指導）として展開される。各学校では，児童生徒の学習状況を評価し，その結果を児童生徒の学習や教師による指導の改善や学校全体としての教育課程の改善等に生かしており，学校全体として組織的かつ計画的に教育活動の質の向上を図っている。このように，「学習指導」と「学習評価」は学校の教育活動の根幹に当たり，教育課程に基づいて組織的かつ計画的に教育活動の質の向上を図る「カリキュラム・マネジメント」の中核的な役割を担っている。

（3）主体的・対話的で深い学びの視点からの授業改善と評価

　　指導と評価の一体化を図るためには，児童生徒一人一人の学習の成立を促すための評価という視点を一層重視し，教師が自らの指導のねらいに応じて授業での児童生徒の学びを振り返り，学習や指導の改善に生かしていくことが大切である。すなわち，平成29年改訂学習指導要領で重視している「主体的・対話的で深い学び」の視点からの授業改善を通して各教科等における資質・能力を確実に育成する上で，学習評価は重要な役割を担っている。

（4）学習評価の改善の基本的な方向性

　　（1）〜（3）で述べたとおり，学習指導要領改訂の趣旨を実現するためには，学習評価の在り方が極めて重要であり，すなわち，学習評価を真に意味のあるものとし，指導と評価の一体化を実現することがますます求められている。

　　このため，報告では，以下のように学習評価の改善の基本的な方向性が示された。

　① 児童生徒の学習改善につながるものにしていくこと

　② 教師の指導改善につながるものにしていくこと

　③ これまで慣行として行われてきたことでも，必要性・妥当性が認められないものは見直していくこと

3 平成29年改訂を受けた評価の観点の整理

　平成29年改訂学習指導要領においては，知・徳・体にわたる「生きる力」を児童生徒に育むために「何のために学ぶのか」という各教科等を学ぶ意義を共有しながら，授業の創意工夫や教科書等の教材の改善を引き出していくことができるようにするため，全ての教科等の目標及び内容を「知識及び技能」，「思考力，判断力，表現力等」，「学びに向かう力，人間性等」の育成を目指す資質・能力の三つの柱で再整理した（図1参照）。知・徳・体のバランスのとれた「生きる力」を育むことを目指すに当たっては，各教科等の指導を通してどのような資質・能力の育成を目指すのかを明確にしながら教育活動の充実を図ること，その際には，児童生徒の発達の段階や特性を踏まえ，資質・能力の三つの柱の育成がバランスよく実現できるよう留意する必要がある。

図1

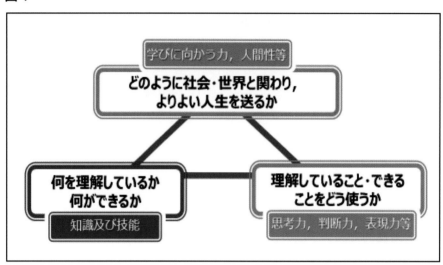

　観点別学習状況の評価については，こうした教育目標や内容の再整理を踏まえて，小・中・高等学校の各教科を通じて，4観点から3観点に整理された。（図2参照）

図2

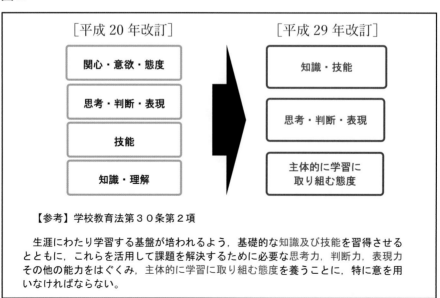

4 平成29年改訂学習指導要領における各教科の学習評価

　各教科の学習評価においては，平成29年改訂においても，学習状況を分析的に捉える「観点別学習状況の評価」と，これらを総括的に捉える「評定」の両方について，学習指導要領に定める目標に準拠した評価として実施するものとされた。改善等通知では，以下のように示されている。

【小学校児童指導要録】

［各教科の学習の記録］

Ⅰ　観点別学習状況

　　学習指導要領に示す各教科の目標に照らして，その実現状況を観点ごとに評価し記入する。その際，

　　　「十分満足できる」状況と判断されるもの：A

　　　「おおむね満足できる」状況と判断されるもの：B

　　　「努力を要する」状況と判断されるもの：C

　のように区別して評価を記入する。

Ⅱ　評定（第3学年以上）

　　各教科の評定は，学習指導要領に示す各教科の目標に照らして，その実現状況を，

　　　「十分満足できる」状況と判断されるもの：3

　　　「おおむね満足できる」状況と判断されるもの：2

　　　「努力を要する」状況と判断されるもの：1

　のように区別して評価を記入する。

　　評定は各教科の学習の状況を総括的に評価するものであり，「観点別学習状況」において掲げられた観点は，分析的な評価を行うものとして，各教科の評定を行う場合において基本的な要素となるものであることに十分留意する。その際，評定の適切な決定方法等については，各学校において定める。

【中学校生徒指導要録】

（学習指導要領に示す必修教科の取扱いは次のとおり）

［各教科の学習の記録］

Ⅰ　観点別学習状況（小学校児童指導要録と同じ）

　　学習指導要領に示す各教科の目標に照らして，その実現状況を観点ごとに評価し記入する。その際，

　　　「十分満足できる」状況と判断されるもの：A

　　　「おおむね満足できる」状況と判断されるもの：B

　　　「努力を要する」状況と判断されるもの：C

　のように区別して評価を記入する。

Ⅱ　評定

　　各教科の評定は，学習指導要領に示す各教科の目標に照らして，その実現状況を，

　「十分満足できるもののうち，特に程度が高い」状況と判断されるもの：5

　「十分満足できる」状況と判断されるもの：4

　「おおむね満足できる」状況と判断されるもの：3

　「努力を要する」状況と判断されるもの：2

　「一層努力を要する」状況と判断されるもの：1

のように区別して評価を記入する。

　評定は各教科の学習の状況を総括的に評価するものであり，「観点別学習状況」において掲げられた観点は，分析的な評価を行うものとして，各教科の評定を行う場合において基本的な要素となるものであることに十分留意する。その際，評定の適切な決定方法等については，各学校において定める。

　また，観点別学習状況の評価や評定には示しきれない児童生徒一人一人のよい点や可能性，進歩の状況については，「個人内評価」として実施するものとされている。改善等通知においては，「観点別学習状況の評価になじまず個人内評価の対象となるものについては，児童生徒が学習したことの意義や価値を実感できるよう，日々の教育活動等の中で児童生徒に伝えることが重要であること。特に『学びに向かう力，人間性等』のうち『感性や思いやり』など児童生徒一人一人のよい点や可能性，進歩の状況などを積極的に評価し児童生徒に伝えることが重要であること。」と示されている。

　「3　平成29年改訂を受けた評価の観点の整理」も踏まえて各教科における評価の基本構造を図示化すると，以下のようになる。（図3参照）

図3

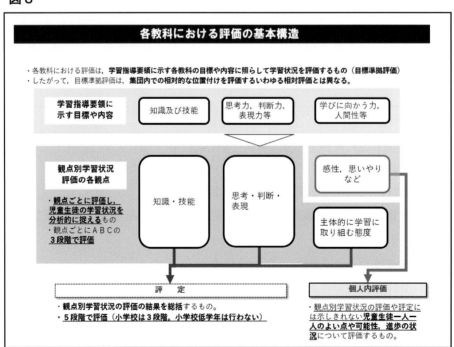

　上記の，「各教科における評価の基本構造」を踏まえた3観点の評価それぞれについて

の考え方は，以下の（1）～（3）のとおりとなる。なお，この考え方は，外国語活動（小学校），総合的な学習の時間，特別活動においても同様に考えることができる。

（1）「知識・技能」の評価について

　「知識・技能」の評価は，各教科等における学習の過程を通した知識及び技能の習得状況について評価を行うとともに，それらを既有の知識及び技能と関連付けたり活用したりする中で，他の学習や生活の場面でも活用できる程度に概念等を理解したり，技能を習得したりしているかについても評価するものである。

　「知識・技能」におけるこのような考え方は，従前の「知識・理解」（各教科等において習得すべき知識や重要な概念等を理解しているかを評価），「技能」（各教科等において習得すべき技能を身に付けているかを評価）においても重視してきたものである。

　具体的な評価の方法としては，ペーパーテストにおいて，事実的な知識の習得を問う問題と，知識の概念的な理解を問う問題とのバランスに配慮するなどの工夫改善を図るとともに，例えば，児童生徒が文章による説明をしたり，各教科等の内容の特質に応じて，観察・実験したり，式やグラフで表現したりするなど，実際に知識や技能を用いる場面を設けるなど，多様な方法を適切に取り入れていくことが考えられる。

（2）「思考・判断・表現」の評価について

　「思考・判断・表現」の評価は，各教科等の知識及び技能を活用して課題を解決する等のために必要な思考力，判断力，表現力等を身に付けているかを評価するものである。

　「思考・判断・表現」におけるこのような考え方は，従前の「思考・判断・表現」の観点においても重視してきたものである。「思考・判断・表現」を評価するためには，教師は「主体的・対話的で深い学び」の視点からの授業改善を通じ，児童生徒が思考・判断・表現する場面を効果的に設計した上で，指導・評価することが求められる。

　具体的な評価の方法としては，ペーパーテストのみならず，論述やレポートの作成，発表，グループでの話合い，作品の制作や表現等の多様な活動を取り入れたり，それらを集めたポートフォリオを活用したりするなど評価方法を工夫することが考えられる。

（3）「主体的に学習に取り組む態度」の評価について

　答申において「学びに向かう力，人間性等」には，①「主体的に学習に取り組む態度」として観点別学習状況の評価を通じて見取ることができる部分と，②観点別学習状況の評価や評定にはなじまず，こうした評価では示しきれないことから個人内評価を通じて見取る部分があることに留意する必要があるとされている。すなわち，②については観点別学習状況の評価の対象外とする必要がある。

　「主体的に学習に取り組む態度」の評価に際しては，単に継続的な行動や積極的な発言を行うなど，性格や行動面の傾向を評価するということではなく，各教科等の「主体的に学習に取り組む態度」に係る観点の趣旨に照らして，知識及び技能を習得したり，

思考力，判断力，表現力等を身に付けたりするために，自らの学習状況を把握し，学習の進め方について試行錯誤するなど自らの学習を調整しながら，学ぼうとしているかどうかという意思的な側面を評価することが重要である。

　従前の「関心・意欲・態度」の観点も，各教科等の学習内容に関心をもつことのみならず，よりよく学ぼうとする意欲をもって学習に取り組む態度を評価するという考え方に基づいたものであり，この点を「主体的に学習に取り組む態度」として改めて強調するものである。

　本観点に基づく評価は，「主体的に学習に取り組む態度」に係る各教科等の評価の観点の趣旨に照らして，

①　知識及び技能を獲得したり，思考力，判断力，表現力等を身に付けたりすることに向けた粘り強い取組を行おうとしている側面

②　①の粘り強い取組を行う中で，自らの学習を調整しようとする側面

という二つの側面を評価することが求められる[2]。（図4参照）

　ここでの評価は，児童生徒の学習の調整が「適切に行われているか」を必ずしも判断するものではなく，学習の調整が知識及び技能の習得などに結び付いていない場合には，教師が学習の進め方を適切に指導することが求められる。

　具体的な評価の方法としては，ノートやレポート等における記述，授業中の発言，教師による行動観察や児童生徒による自己評価や相互評価等の状況を，教師が評価を行う際に考慮する材料の一つとして用いることなどが考えられる。

図4

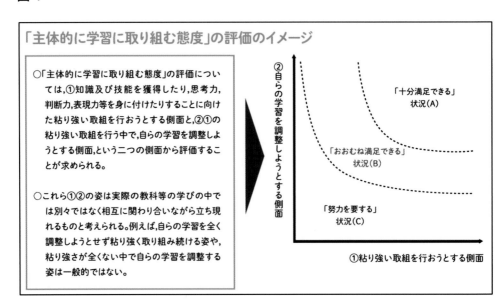

---

[2] これら①②の姿は実際の教科等の学びの中では別々ではなく相互に関わり合いながら立ち現れるものと考えられることから，実際の評価の場面においては，双方の側面を一体的に見取ることも想定される。例えば，自らの学習を全く調整しようとせず粘り強く取り組み続ける姿や，粘り強さが全くない中で自らの学習を調整する姿は一般的ではない。

　なお，学習指導要領の「2　内容」に記載のない「主体的に学習に取り組む態度」の評価については，後述する第2章1（2）を参照のこと[3]。

5　改善等通知における特別の教科　道徳，外国語活動（小学校），総合的な学習の時間，特別活動の指導要録の記録

　改善等通知においては，各教科の学習の記録とともに，以下の（1）～（4）の各教科等の指導要録における学習の記録について以下のように示されている。

（1）特別の教科　道徳について

　小学校等については，改善等通知別紙1に，「道徳の評価については，28文科初第604号「学習指導要領の一部改正に伴う小学校，中学校及び特別支援学校小学部・中学部における児童生徒の学習評価及び指導要録の改善等について（通知）」に基づき，学習活動における児童の学習状況や道徳性に係る成長の様子を個人内評価として文章で端的に記述する」こととされている（中学校等についても別紙2に同旨）。

（2）外国語活動について（小学校）

　改善等通知には，「外国語活動の記録については，評価の観点を記入した上で，それらの観点に照らして，児童の学習状況に顕著な事項がある場合にその特徴を記入する等，児童にどのような力が身に付いたかを文章で端的に記述すること」とされている。また，「評価の観点については，設置者は，小学校学習指導要領等に示す外国語活動の目標を踏まえ，改善等通知別紙4を参考に設定する」こととされている。

（3）総合的な学習の時間について

　小学校等については，改善等通知別紙1に，「総合的な学習の時間の記録については，この時間に行った学習活動及び各学校が自ら定めた評価の観点を記入した上で，それらの観点のうち，児童の学習状況に顕著な事項がある場合などにその特徴を記入する等，児童にどのような力が身に付いたかを文章で端的に記述すること」とされている。また，「評価の観点については，各学校において具体的に定めた目標，内容に基づいて別紙4を参考に定めること」とされている（中学校等についても別紙2に同旨）。

---

[3] 各教科等によって，評価の対象に特性があることに留意する必要がある。例えば，体育・保健体育科の運動に関する領域においては，公正や協力などを，育成する「態度」として学習指導要領に位置付けており，各教科等の目標や内容に対応した学習評価が行われることとされている。

（4）特別活動について

　小学校等については，改善等通知別紙１に，「特別活動の記録については，各学校が自ら定めた特別活動全体に係る評価の観点を記入した上で，各活動・学校行事ごとに，評価の観点に照らして十分満足できる活動の状況にあると判断される場合に，〇印を記入する」とされている。また，「評価の観点については，学習指導要領等に示す特別活動の目標を踏まえ，各学校において改善等通知別紙４を参考に定める。その際，特別活動の特質や学校として重点化した内容を踏まえ，例えば『主体的に生活や人間関係をよりよくしようとする態度』などのように，より具体的に定めることも考えられる。記入に当たっては，特別活動の学習が学校や学級における集団活動や生活を対象に行われるという特質に留意する」とされている（中学校等についても別紙２に同旨）。

　なお，特別活動は学級担任以外の教師が指導する活動が多いことから，評価体制を確立し，共通理解を図って，児童生徒のよさや可能性を多面的・総合的に評価するとともに，確実に資質・能力が育成されるよう指導の改善に生かすことが求められる。

6　障害のある児童生徒の学習評価について

　学習評価に関する基本的な考え方は，障害のある児童生徒の学習評価についても変わるものではない。

　障害のある児童生徒については，特別支援学校等の助言又は援助を活用しつつ，個々の児童生徒の障害の状態や特性及び心身の発達の段階に応じた指導内容や指導方法の工夫を行い，その評価を適切に行うことが必要である。また，指導内容や指導方法の工夫については，学習指導要領の各教科の「指導計画の作成と内容の取扱い」の「指導計画作成上の配慮事項」の「障害のある児童生徒への配慮についての事項」についての学習指導要領解説も参考となる。

7　評価の方針等の児童生徒や保護者への共有について

　学習評価の妥当性や信頼性を高めるとともに，児童生徒自身に学習の見通しをもたせるために，学習評価の方針を事前に児童生徒と共有する場面を必要に応じて設けることが求められており，児童生徒に評価の結果をフィードバックする際にも，どのような方針によって評価したのかを改めて児童生徒に共有することも重要である。

　また，新学習指導要領下での学習評価の在り方や基本方針等について，様々な機会を捉えて保護者と共通理解を図ることが非常に重要である。

第2章 学習評価の基本的な流れ

1 各教科における評価規準の作成及び評価の実施等について

（1）目標と観点の趣旨との対応関係について

　　評価規準の作成に当たっては，各学校の実態に応じて目標に準拠した評価を行うために，「評価の観点及びその趣旨[4]」が各教科等の目標を踏まえて作成されていること，また同様に，「学年別（又は分野別）の評価の観点の趣旨[5]」が学年（又は分野）の目標を踏まえて作成されていることを確認することが必要である。

　　なお，「主体的に学習に取り組む態度」の観点は，教科等及び学年（又は分野）の目標の（3）に対応するものであるが，観点別学習状況の評価を通じて見取ることができる部分をその内容として整理し，示していることを確認することが必要である。（図5，6参照）

図5

【学習指導要領「教科の目標」】

学習指導要領　各教科等の「第1　目標」

(1)	(2)	(3)
（知識及び技能に関する目標）	（思考力，判断力，表現力等に関する目標）	（学びに向かう力，人間性等に関する目標）[6]

【改善等通知「評価の観点及びその趣旨」】

改善等通知　別紙4　評価の観点及びその趣旨

観点	知識・技能	思考・判断・表現	主体的に学習に取り組む態度
趣旨	（知識・技能の観点の趣旨）	（思考・判断・表現の観点の趣旨）	（主体的に学習に取り組む態度の観点の趣旨）

---

[4] 各教科等の学習指導要領の目標の規定を踏まえ，観点別学習状況の評価の対象とするものについて整理したものが教科等の観点の趣旨である。

[5] 各学年（又は分野）の学習指導要領の目標を踏まえ，観点別学習状況の評価の対象とするものについて整理したものが学年別（又は分野別）の観点の趣旨である。

[6] 学びに向かう力，人間性等に関する目標には，個人内評価として実施するものも含まれている。（P.8 図3参照）※学年（又は分野）の目標についても同様である。

図6
【学習指導要領「学年（又は分野）の目標」】

学習指導要領　各教科等の「第2　各学年の目標及び内容」の学年ごとの「1　目標」

(1)	(2)	(3)
（知識及び技能に関する目標）	（思考力，判断力，表現力等に関する目標）	（学びに向かう力，人間性等に関する目標）

↓　　　　　↓　　　　　↓

【改善等通知　別紙4「学年別（又は分野別）の評価の観点の趣旨」】

観点	知識・技能	思考・判断・表現	主体的に学習に取り組む態度
趣旨	（知識・技能の観点の趣旨）	（思考・判断・表現の観点の趣旨）	（主体的に学習に取り組む態度の観点の趣旨）

（2）「内容のまとまりごとの評価規準」とは

　　本参考資料では，評価規準の作成等について示す。具体的には，学習指導要領の規定から「内容のまとまりごとの評価規準」を作成する際の手順を示している。ここでの「内容のまとまり」とは，学習指導要領に示す各教科等の「第2　各学年の目標及び内容　2　内容」の項目等をそのまとまりごとに細分化したり整理したりしたものである[7]。平成29年改訂学習指導要領においては資質・能力の三つの柱に基づく構造化が行われたところであり，基本的には，学習指導要領に示す各教科等の「第2　各学年（分野）の目標及び内容」の「2　内容」において[8]，「内容のまとまり」ごとに育成を目指す資質・

---

[7] 各教科等の学習指導要領の「第3　指導計画の作成と内容の取扱い」1(1)に「単元（題材）などの内容や時間のまとまり」という記載があるが，この「内容や時間のまとまり」と，本参考資料における「内容のまとまり」は同義ではないことに注意が必要である。前者は，主体的・対話的で深い学びを実現するため，主体的に学習に取り組めるよう学習の見通しを立てたり学習したことを振り返ったりして自身の学びや変容を自覚できる場面をどこに設定するか，対話によって自分の考えなどを広げたり深めたりする場面をどこに設定するか，学びの深まりをつくりだすために，児童生徒が考える場面と教師が教える場面をどのように組み立てるか，といった視点による授業改善は，1単位時間の授業ごとに考えるのではなく，単元や題材などの一定程度のまとまりごとに検討されるべきであることが示されたものである。後者（本参考資料における「内容のまとまり」）については，本文に述べるとおりである。

[8] 小学校家庭においては，「第2　各学年の内容」，「1　内容」，小学校外国語・外国語活動，中学校外国語においては，「第2　各言語の目標及び内容等」，「1　目標」である。

能力が示されている。このため，「2　内容」の記載はそのまま学習指導の目標となりうるものである[9]。学習指導要領の目標に照らして観点別学習状況の評価を行うに当たり，児童生徒が資質・能力を身に付けた状況を表すために，「2　内容」の記載事項の文末を「〜すること」から「〜している」と変換したもの等を，本参考資料において「内容のまとまりごとの評価規準」と呼ぶこととする[10]。

　　ただし，「主体的に学習に取り組む態度」に関しては，特に，児童生徒の学習への継続的な取組を通して現れる性質を有すること等から[11]，「2　内容」に記載がない[12]。そのため，各学年（又は分野）の「1　目標」を参考にしつつ，必要に応じて，改善等通知別紙4に示された学年（又は分野）別の評価の観点の趣旨のうち「主体的に学習に取り組む態度」に関わる部分を用いて「内容のまとまりごとの評価規準」を作成する必要がある。

　　なお，各学校においては，「内容のまとまりごとの評価規準」の考え方を踏まえて，学習評価を行う際の評価規準を作成する。

（3）「内容のまとまりごとの評価規準」を作成する際の基本的な手順

　　各教科における，「内容のまとまりごとの評価規準」を作成する際の基本的な手順は以下のとおりである。

　　学習指導要領に示された教科及び学年（又は分野）の目標を踏まえて，「評価の観点及びその趣旨」が作成されていることを理解した上で，

① 各教科における「内容のまとまり」と「評価の観点」との関係を確認する。

② 【観点ごとのポイント】を踏まえ，「内容のまとまりごとの評価規準」を作成する。

---

[9] 「2　内容」において示されている指導事項等を整理することで「内容のまとまり」を構成している教科もある。この場合は，整理した資質・能力をもとに，構成された「内容のまとまり」に基づいて学習指導の目標を設定することとなる。また，目標や評価規準の設定は，教育課程を編成する主体である各学校が，学習指導要領に基づきつつ児童生徒や学校，地域の実情に応じて行うことが必要である。

[10] 小学校家庭，中学校技術・家庭（家庭分野）については，学習指導要領の目標及び分野の目標の（2）に思考力・判断力・表現力等の育成に係る学習過程が記載されているため，これらを踏まえて「内容のまとまりごとの評価規準」を作成する必要がある。

[11] 各教科等の特性によって単元や題材など内容や時間のまとまりはさまざまであることから，評価を行う際は，それぞれの実現状況が把握できる段階について検討が必要である。

[12] 各教科等によって，評価の対象に特性があることに留意する必要がある。例えば，体育・保健体育科の運動に関する領域においては，公正や協力などを，育成する「態度」として学習指導要領に位置付けており，各教科等の目標や内容に対応した学習評価が行われることとされている。

①，②については，第2編において詳述する。同様に，【観点ごとのポイント】についても，第2編に各教科等において示している。

（4）評価の計画を立てることの重要性

学習指導のねらいが児童生徒の学習状況として実現されたかについて，評価規準に照らして観察し，毎時間の授業で適宜指導を行うことは，育成を目指す資質・能力を児童生徒に育むためには不可欠である。その上で，評価規準に照らして，観点別学習状況の評価をするための記録を取ることになる。そのためには，いつ，どのような方法で，児童生徒について観点別学習状況を評価するための記録を取るのかについて，評価の計画を立てることが引き続き大切である。

毎時間児童生徒全員について記録を取り，総括の資料とするために蓄積することは現実的ではないことからも，児童生徒全員の学習状況を記録に残す場面を精選し，かつ適切に評価するための評価の計画が一層重要になる。

（5）観点別学習状況の評価に係る記録の総括

適切な評価の計画の下に得た，児童生徒の観点別学習状況の評価に係る記録の総括の時期としては，単元（題材）末，学期末，学年末等の節目が考えられる。

総括を行う際，観点別学習状況の評価に係る記録が，観点ごとに複数ある場合は，例えば，次のような方法が考えられる。

・ **評価結果のＡ，Ｂ，Ｃの数を基に総括する場合**

何回か行った評価結果のＡ，Ｂ，Ｃの数が多いものが，その観点の学習の実施状況を最もよく表現しているとする考え方に立つ総括の方法である。例えば，3回評価を行った結果が「ＡＢＢ」ならばＢと総括することが考えられる。なお，「ＡＡＢＢ」の総括結果をＡとするかＢとするかなど，同数の場合や三つの記号が混在する場合の総括の仕方をあらかじめ各学校において決めておく必要がある。

・ **評価結果のＡ，Ｂ，Ｃを数値に置き換えて総括する場合**

何回か行った評価結果Ａ，Ｂ，Ｃを，例えばＡ＝3，Ｂ＝2，Ｃ＝1のように数値によって表し，合計したり平均したりする総括の方法である。例えば，総括の結果をＢとする範囲を［2.5≧平均値≧1.5］とすると，「ＡＢＢ」の平均値は，約2.3［（3＋2＋2）÷3］で総括の結果はＢとなる。

なお，評価の各節目のうち特定の時点に重きを置いて評価を行う場合など，この例のような平均値による方法以外についても様々な総括の方法が考えられる。

（6）観点別学習状況の評価の評定への総括

評定は，各教科の観点別学習状況の評価を総括した数値を示すものである。評定は，児童生徒がどの教科の学習に望ましい学習状況が認められ，どの教科の学習に課題が

認められるのかを明らかにすることにより，教育課程全体を見渡した学習状況の把握と指導や学習の改善に生かすことを可能とするものである。

評定への総括は，学期末や学年末などに行われることが多い。学年末に評定へ総括する場合には，学期末に総括した評定の結果を基にする場合と，学年末に観点ごとに総括した結果を基にする場合が考えられる。

観点別学習状況の評価の評定への総括は，各観点の評価結果をＡ，Ｂ，Ｃの組合せ，又は，Ａ，Ｂ，Ｃを数値で表したものに基づいて総括し，その結果を小学校では3段階，中学校では5段階で表す。

Ａ，Ｂ，Ｃの組合せから評定に総括する場合，各観点とも同じ評価がそろう場合は，小学校については，「ＢＢＢ」であれば2を基本としつつ，「ＡＡＡ」であれば3，「ＣＣＣ」であれば1とするのが適当であると考えられる。中学校については，「ＢＢＢ」であれば3を基本としつつ，「ＡＡＡ」であれば5又は4，「ＣＣＣ」であれば2又は1とするのが適当であると考えられる。それ以外の場合は，各観点のＡ，Ｂ，Ｃの数の組合せから適切に評定することができるようあらかじめ各学校において決めておく必要がある。

なお，観点別学習状況の評価結果は，「十分満足できる」状況と判断されるものをＡ，「おおむね満足できる」状況と判断されるものをＢ，「努力を要する」状況と判断されるものをＣのように表されるが，そこで表された学習の実現状況には幅があるため，機械的に評定を算出することは適当ではない場合も予想される。

また，評定は，小学校については，小学校学習指導要領等に示す各教科の目標に照らして，その実現状況を「十分満足できる」状況と判断されるものを3，「おおむね満足できる」状況と判断されるものを2，「努力を要する」状況と判断されるものを1，中学校については，中学校学習指導要領等に示す各教科の目標に照らして，その実現状況を「十分満足できるもののうち，特に程度が高い」状況と判断されるものを5，「十分満足できる」状況と判断されるものを4，「おおむね満足できる」状況と判断されるものを3，「努力を要する」状況と判断されるものを2，「一層努力を要する」状況と判断されるものを1という数値で表される。しかし，この数値を児童生徒の学習状況について三つ（小学校）又は五つ（中学校）に分類したものとして捉えるのではなく，常にこの結果の背景にある児童生徒の具体的な学習の実現状況を思い描き，適切に捉えることが大切である。評定への総括に当たっては，このようなことも十分に検討する必要がある[13]。

なお，各学校では観点別学習状況の評価の観点ごとの総括及び評定への総括の考え

---

[13] 改善等通知では，「評定は各教科の学習の状況を総括的に評価するものであり，『観点別学習状況』において掲げられた観点は，分析的な評価を行うものとして，各教科の評定を行う場合において基本的な要素となるものであることに十分留意する。その際，評定の適切な決定方法等については，各学校において定める。」と示されている。（P.7，8参照）

方や方法について，教師間で共通理解を図り，児童生徒及び保護者に十分説明し理解を得ることが大切である。

2 総合的な学習の時間における評価規準の作成及び評価の実施等について
（1）総合的な学習の時間の「評価の観点」について

　平成29年改訂学習指導要領では，各教科等の目標や内容を「知識及び技能」，「思考力，判断力，表現力等」，「学びに向かう力，人間性等」の資質・能力の三つの柱で再整理しているが，このことは総合的な学習の時間においても同様である。

　総合的な学習の時間においては，学習指導要領が定める目標を踏まえて各学校が目標や内容を設定するという総合的な学習の時間の特質から，各学校が観点を設定するという枠組みが維持されている。一方で，各学校が目標や内容を定める際には，学習指導要領において示された以下について考慮する必要がある。

【各学校において定める目標】

・　各学校において定める目標については，各学校における教育目標を踏まえ，総合的な学習の時間を通して育成を目指す資質・能力を示すこと。　　　　（第2の3(1)）

　総合的な学習の時間を通して育成を目指す資質・能力を示すとは，各学校における教育目標を踏まえて，各学校において定める目標の中に，この時間を通して育成を目指す資質・能力を，三つの柱に即して具体的に示すということである。

【各学校において定める内容】

・　探究課題の解決を通して育成を目指す具体的な資質・能力については，次の事項に配慮すること。

ア　知識及び技能については，他教科等及び総合的な学習の時間で習得する知識及び技能が相互に関連付けられ，社会の中で生きて働くものとして形成されるようにすること。

イ　思考力，判断力，表現力等については，課題の設定，情報の収集，整理・分析，まとめ・表現などの探究的な学習の過程において発揮され，未知の状況において活用できるものとして身に付けられるようにすること。

ウ　学びに向かう力，人間性等については，自分自身に関すること及び他者や社会との関わりに関することの両方の視点を踏まえること。　　　　（第2の3(6)）

　各学校において定める内容について，今回の改訂では新たに，「目標を実現するにふさわしい探究課題」，「探究課題の解決を通して育成を目指す具体的な資質・能力」の二つを定めることが示された。「探究課題の解決を通して育成を目指す具体的な資質・能力」とは，各学校において定める目標に記された資質・能力を，各探究課題に即して具体的に示したものであり，教師の適切な指導の下，児童生徒が各探究課題の解決に取り組む中で，育成することを目指す資質・能力のことである。この具体的な資質・能力も，「知識及び技能」，「思考力，判断力，表現力等」，「学びに向かう力，人間性等」という

資質・能力の三つの柱に即して設定していくことになる。

　このように，各学校において定める目標と内容には，三つの柱に沿った資質・能力が明示されることになる。

　したがって，資質・能力の三つの柱で再整理した新学習指導要領の下での指導と評価の一体化を推進するためにも，評価の観点についてこれらの資質・能力に関わる「知識・技能」，「思考・判断・表現」，「主体的に学習に取り組む態度」の３観点に整理し示したところである。

（2）総合的な学習の時間の「内容のまとまり」の考え方

　学習指導要領の第2の2では，「各学校においては，第1の目標を踏まえ，各学校の総合的な学習の時間の内容を定める。」とされており，各教科のようにどの学年で何を指導するのかという内容を明示していない。これは，各学校が，学習指導要領が定める目標の趣旨を踏まえて，地域や学校，児童生徒の実態に応じて，創意工夫を生かした内容を定めることが期待されているからである。

　この内容の設定に際しては，前述したように「目標を実現するにふさわしい探究課題」，「探究課題の解決を通して育成を目指す具体的な資質・能力」の二つを定めることが示され，探究課題としてどのような対象と関わり，その探究課題の解決を通して，どのような資質・能力を育成するのかが内容として記述されることになる。（図７参照）

図7

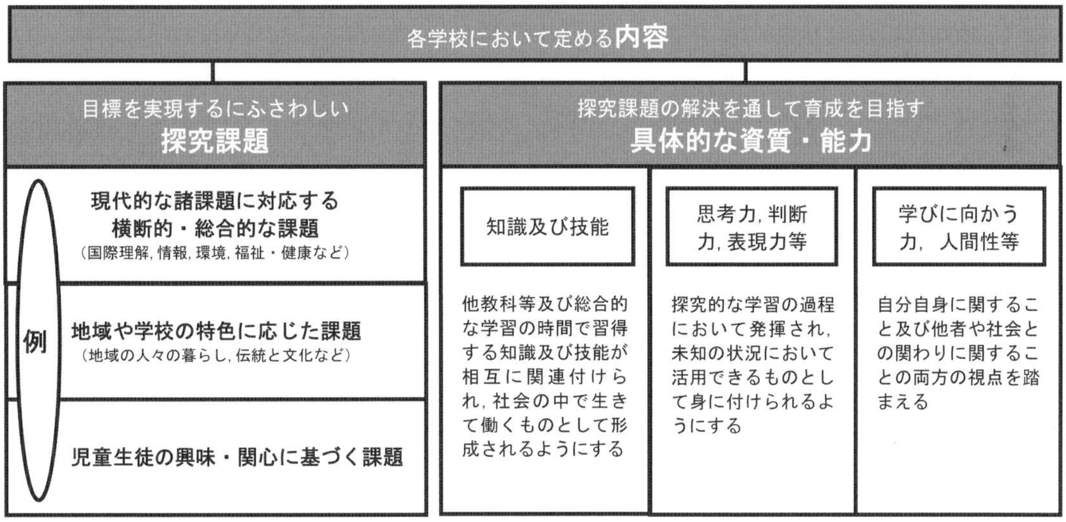

　本参考資料第1編第2章の1（2）では，「内容のまとまり」について，「学習指導要領に示す各教科等の『第2　各学年の目標及び内容　2　内容』の項目等をそのまとまりごとに細分化したり整理したりしたもので，『内容のまとまり』ごとに育成を目指す資質・能力が示されている」と説明されている。

　したがって，総合的な学習の時間における「内容のまとまり」とは，全体計画に示した「目標を実現するにふさわしい探究課題」のうち，一つ一つの探究課題とその探究課題に応じて定めた具体的な資質・能力と考えることができる。

（3）「内容のまとまりごとの評価規準」を作成する際の基本的な手順

　　総合的な学習の時間における，「内容のまとまりごとの評価規準」を作成する際の基本的な手順は以下のとおりである。

> ①　各学校において定めた目標（第2の1）と「評価の観点及びその趣旨」を確認する。
>
> ②　各学校において定めた内容の記述（「内容のまとまり」として探究課題ごとに作成した「探究課題の解決を通して育成を目指す具体的な資質・能力」）が，観点ごとにどのように整理されているかを確認する。
>
> ③【観点ごとのポイント】を踏まえ，「内容のまとまりごとの評価規準」を作成する。

3　特別活動の「評価の観点」とその趣旨，並びに評価規準の作成及び評価の実施等について

（1）特別活動の「評価の観点」とその趣旨について

　　特別活動においては，改善等通知において示されたように，特別活動の特質と学校の創意工夫を生かすということから，設置者ではなく，「各学校で評価の観点を定める」ものとしている。本参考資料では「評価の観点」とその趣旨の設定について示している。

（2）特別活動の「内容のまとまり」

　　小学校においては，学習指導要領の内容の〔学級活動〕「（1）学級や学校における生活づくりへの参画」，「（2）日常の生活や学習への適応と自己の成長及び健康安全」，「（3）一人一人のキャリア形成と自己実現」，〔児童会活動〕，〔クラブ活動〕，〔学校行事〕（1）儀式的行事，（2）文化的行事，（3）健康安全・体育的行事，（4）遠足・集団宿泊的行事，（5）勤労生産・奉仕的行事を「内容のまとまり」とした。

　　中学校においては，学習指導要領の内容の〔学級活動〕「（1）学級や学校における生活づくりへの参画」，「（2）日常の生活や学習への適応と自己の成長及び健康安全」，「（3）一人一人のキャリア形成と自己実現」，〔生徒会活動〕，〔学校行事〕（1）儀式的行事，（2）文化的行事，（3）健康安全・体育的行事，（4）旅行・集団宿泊的行事，（5）勤労生産・奉仕的行事を「内容のまとまり」とした。

（3）特別活動の「評価の観点」とその趣旨，並びに「内容のまとまりごとの評価規準」を作成する際の基本的な手順

　　各学校においては，学習指導要領に示された特別活動の目標及び内容を踏まえ，自校の実態に即し，改善等通知の例示を参考に観点を作成する。その際，例えば，特別活動の特質や学校として重点化した内容を踏まえて，具体的な観点を設定することが考えられる。

　また，学習指導要領解説では，各活動・学校行事の内容ごとに育成を目指す資質・能力が例示されている。そこで，学習指導要領で示された「各活動・学校行事の目標」及び学習指導要領解説で例示された「資質・能力」を確認し，各学校の実態に合わせて育成を目指す資質・能力を重点化して設定する。

　次に，各学校で設定した，各活動・学校行事で育成を目指す資質・能力を踏まえて，「内容のまとまりごとの評価規準」を作成する。その際，小学校の学級活動においては，学習指導要領で示した「各学年段階における配慮事項」や，学習指導要領解説に示した「発達の段階に即した指導のめやす」を踏まえて，低・中・高学年ごとに評価規準を作成することが考えられる。基本的な手順は以下のとおりである。

---

① 学習指導要領の「特別活動の目標」と改善等通知を確認する。

---

② 学習指導要領の「特別活動の目標」と自校の実態を踏まえ，改善等通知の例示を参考に，特別活動の「評価の観点」とその趣旨を設定する。

---

③ 学習指導要領の「各活動・学校行事の目標」及び学習指導要領解説特別活動編（平成29年7月）で例示した「各活動・学校行事における育成を目指す資質・能力」を参考に，各学校において育成を目指す資質・能力を重点化して設定する。

---

④ 【観点ごとのポイント】を踏まえ，「内容のまとまりごとの評価規準」を作成する。

（参考）平成 23 年「評価規準の作成，評価方法等の工夫改善のための参考資料」からの　　変更点について

　今回作成した本参考資料は，平成 23 年の「評価規準の作成，評価方法等の工夫改善のための参考資料」を踏襲するものであるが，以下のような変更点があることに留意が必要である[14]。

　まず，平成 23 年の参考資料において使用していた「評価規準に盛り込むべき事項」や「評価規準の設定例」については，報告において「現行の参考資料のように評価規準を詳細に示すのではなく，各教科等の特質に応じて，学習指導要領の規定から評価規準を作成する際の手順を示すことを基本とする」との指摘を受け，第 2 編において示すことを改め，本参考資料の第 3 編における事例の中で，各教科等の事例に沿った評価規準を例示したり，その作成手順等を紹介したりする形に改めている。

　次に，本参考資料の第 2 編に示す「内容のまとまりごとの評価規準」は，平成 23 年の「評価規準の作成，評価方法等の工夫改善のための参考資料」において示した「評価規準に盛り込むべき事項」と作成の手順を異にする。具体的には，「評価規準に盛り込むべき事項」は，平成 20 年改訂学習指導要領における各教科等の目標，各学年（又は分野）の目標及び内容の記述を基に，学習評価及び指導要録の改善通知で示している各教科等の評価の観点及びその趣旨，学年（又は分野）別の評価の観点の趣旨を踏まえて作成したものである。

　また，平成 23 年の参考資料では「評価規準に盛り込むべき事項」をより具体化したものを「評価規準の設定例」として示している。「評価規準の設定例」は，原則として，学習指導要領の各教科等の目標，学年（又は分野）別の目標及び内容のほかに，当該部分の学習指導要領解説（文部科学省刊行）の記述を基に作成していた。他方，本参考資料における「内容のまとまりごとの評価規準」については，平成 29 年改訂の学習指導要領の目標及び内容が育成を目指す資質・能力に関わる記述で整理されたことから，既に確認のとおり，そこでの「内容のまとまり」ごとの記述を，文末を変換するなどにより評価規準とすることを可能としており，学習指導要領の記載と表裏一体をなす関係にあると言える。

　さらに，「主体的に学習に取り組む態度」の「各教科等・各学年等の評価の観点の趣旨」についてである。前述のとおり，従前の「関心・意欲・態度」の観点から「主体的に学習に取り組む態度」の観点に改められており，「主体的に学習に取り組む態度」の観点に関しては各学年（又は分野）の「1　目標」を参考にしつつ，必要に応じて，改善等通知別紙 4 に示された学年（又は分野）別の評価の観点の趣旨のうち「主体的に学習に取り組む態度」に関わる部分を用いて「内容のまとまりごとの評価規準」を作成する必要がある。

---

[14] 特別活動については，これまでも三つの観点に基づいて児童生徒の資質・能力の育成を目指し，指導に生かしてきたところであり，上記の変更点に該当するものではないことに留意が必要である。

報告にあるとおり,「主体的に学習に取り組む態度」は,現行の「関心・意欲・態度」の観点の本来の趣旨であった,各教科等の学習内容に関心をもつことのみならず,よりよく学ぼうとする意欲をもって学習に取り組む態度を評価することを改めて強調するものである。また,本観点に基づく評価としては,「主体的に学習に取り組む態度」に係る各教科等の評価の観点の趣旨に照らし,

①　知識及び技能を獲得したり,思考力,判断力,表現力等を身に付けたりすることに向けた粘り強い取組を行おうとする側面と,

②　①の粘り強い取組を行う中で,自らの学習を調整しようとする側面,

という二つの側面を評価することが求められるとされた[15]。

以上の点から,今回の改善等通知で示した「主体的に学習に取り組む態度」の「各教科等・各学年等の評価の観点の趣旨」は,平成 22 年通知で示した「関心・意欲・態度」の「各教科等・各学年等の評価の観点の趣旨」から改められている。

---

[15] 各教科等によって,評価の対象に特性があることに留意する必要がある。例えば,体育・保健体育科の運動に関する領域においては,公正や協力などを,育成する「態度」として学習指導要領に位置付けており,各教科等の目標や内容に対応した学習評価が行われることとされている。

第2編

「内容のまとまりごとの評価規準」
を作成する際の手順

1　小学校音楽科の「内容のまとまり」

小学校音楽科における「内容のまとまり」は，以下のようになっている。

〔第1学年及び第2学年〕

　「A表現」(1)歌唱　及び〔共通事項〕(1)

　「A表現」(2)器楽　及び〔共通事項〕(1)

　「A表現」(3)音楽づくり　及び〔共通事項〕(1)

　「B鑑賞」(1)鑑賞　及び〔共通事項〕(1)

〔第3学年及び第4学年〕

　「A表現」(1)歌唱　及び〔共通事項〕(1)

　「A表現」(2)器楽　及び〔共通事項〕(1)

　「A表現」(3)音楽づくり　及び〔共通事項〕(1)

　「B鑑賞」(1)鑑賞　及び〔共通事項〕(1)

〔第5学年及び第6学年〕

　「A表現」(1)歌唱　及び〔共通事項〕(1)

　「A表現」(2)器楽　及び〔共通事項〕(1)

　「A表現」(3)音楽づくり　及び〔共通事項〕(1)

　「B鑑賞」(1)鑑賞　及び〔共通事項〕(1)

2　小学校音楽科における「内容のまとまりごとの評価規準」作成の手順

　ここでは，第1学年及び第2学年「A表現」(1)歌唱及び〔共通事項〕(1)，第5学年及び第6学年「A表現」(3)音楽づくり及び〔共通事項〕(1)を取り上げて，「内容のまとまりごとの評価規準」作成の手順を説明する。

　まず，学習指導要領に示された教科及び学年の目標を踏まえて，「評価の観点及びその趣旨」が作成されていることを理解する。その上で，①及び②の手順を踏む。

＜例1　第1学年及び第2学年「A表現」(1)歌唱及び〔共通事項〕(1)＞

【小学校学習指導要領　第2章　第6節　音楽「第1　目標」】

表現及び鑑賞の活動を通して，音楽的な見方・考え方を働かせ，生活や社会の中の音や音楽と豊かに関わる資質・能力を次のとおり育成することを目指す。

（1）	（2）	（3）
曲想と音楽の構造などとの関わりについて理解するとともに，表したい音楽表現をするために必要な技能を身に付けるようにする。	音楽表現を工夫することや，音楽を味わって聴くことができるようにする。	音楽活動の楽しさを体験することを通して，音楽を愛好する心情と音楽に対する感性を育むとともに，音楽に親しむ態度を養い，豊かな情操を培う。

（小学校学習指導要領 P. 116）

【改善等通知　別紙4　音楽（1）評価の観点及びその趣旨　＜小学校　音楽＞】

知識・技能	思考・判断・表現	主体的に学習に取り組む態度
・曲想と音楽の構造などとの関わりについて理解している。（※1） ・表したい音楽表現をするために必要な技能を身に付け，歌ったり，演奏したり，音楽をつくったりしている。（※2）	音楽を形づくっている要素を聴き取り，それらの働きが生み出すよさや面白さ，美しさを感じ取りながら，聴き取ったことと感じ取ったこととの関わりについて考え，どのように表すかについて思いや意図をもったり，曲や演奏のよさなどを見いだし，音楽を味わって聴いたりしている。	音や音楽に親しむことができるよう，音楽活動を楽しみながら主体的・協働的に表現及び鑑賞の学習活動に取り組もうとしている。

（改善等通知　別紙4　P. 14）

※　「知識・技能」の観点の趣旨は，知識の習得に関すること（※1）と技能の習得に関すること（※2）とに分けて示している。これは，学習指導要領の指導事項を，知識に関する資質・能力（事項イ）と技能に関する資質・能力（事項ウ）とに分けて示していること，技能に関する資質・能力を「A表現」のみに示していることなどを踏まえたものである。また，「A表現」の題材

の指導に当たっては，「知識」と「技能」の評価場面や評価方法が異なることが考えられる。したがって，「A表現」の題材では，評価規準の作成においても「知識」と「技能」とに分けて設定することを原則とする。なお「B鑑賞」の題材では，※2の趣旨に対応する評価規準は設定しない。

【小学校学習指導要領 第2章 第6節　音楽「第2　各学年の目標及び内容」

〔第1学年及び第2学年〕　1 目標】

（1）	（2）	（3）
曲想と音楽の構造などとの関わりについて気付くとともに，音楽表現を楽しむために必要な歌唱，器楽，音楽づくりの技能を身に付けるようにする。	音楽表現を考えて表現に対する思いをもつことや，曲や演奏の楽しさを見いだしながら音楽を味わって聴くことができるようにする。	楽しく音楽に関わり，協働して音楽活動をする楽しさを感じながら，身の回りの様々な音楽に親しむとともに，音楽経験を生かして生活を明るく潤いのあるものにしようとする態度を養う。

(小学校学習指導要領 P.116)

【改善等通知 別紙4　音楽（2）学年別の評価の観点の趣旨

＜小学校　音楽＞第1学年及び第2学年】

知識・技能	思考・判断・表現	主体的に学習に取り組む態度
・曲想と音楽の構造などとの関わりについて気付いている。 ・音楽表現を楽しむために必要な技能を身に付け，歌ったり，演奏したり，音楽をつくったりしている。	音楽を形づくっている要素を聴き取り，それらの働きが生み出すよさや面白さ，美しさを感じ取りながら，聴き取ったことと感じ取ったこととの関わりについて考え，どのように表すかについて思いをもったり，曲や演奏の楽しさを見いだし，音楽を味わって聴いたりしている。	音や音楽に親しむことができるよう，音楽活動を楽しみながら主体的・協働的に表現及び鑑賞の学習活動に取り組もうとしている。

(改善等通知　別紙4　P.14)

① 各教科における「内容のまとまり」と「評価の観点」との関係を確認する。

A表現

(1) 歌唱の活動を通して，次の事項を身に付けることができるよう指導する。

　ア　歌唱表現についての知識や技能を得たり生かしたりしながら，曲想を感じ取って表現を工夫し，どのように歌うかについて思いをもつこと。

　イ　曲想と音楽の構造との関わり，曲想と歌詞の表す情景や気持ちとの関わりについて気付くこと。

　ウ　思いに合った表現をするために必要な次の(ア)から(ウ)までの技能を身に付けること。

　　(ア)　範唱を聴いて歌ったり，階名で模唱したり暗唱したりする技能

　　(イ)　自分の歌声及び発音に気を付けて歌う技能

　　(ウ)　互いの歌声や伴奏を聴いて，声を合わせて歌う技能

〔共通事項〕

(1) 「A表現」及び「B鑑賞」の指導を通して，次の事項を身に付けることができるよう指導する。

　ア　音楽を形づくっている要素を聴き取り，それらの働きが生み出すよさや面白さ，美しさを感じ取りながら，聴き取ったことと感じ取ったこととの関わりについて考えること。

　イ　音楽を形づくっている要素及びそれらに関わる身近な音符，休符，記号や用語について，音楽における働きと関わらせて理解すること。

> （下線）…知識及び技能に関する内容
> （波線）…思考力，判断力，表現力等に関する内容

＜参考：〔共通事項〕について＞

○ 「内容のまとまり」と〔共通事項〕との関係

・〔共通事項〕アは，思考力，判断力，表現力等に関する内容を示しており，〔共通事項〕アと各領域や分野の事項アは，一体的に捉えるべき内容である。[第1学年及び第2学年の例]

歌唱	器楽	音楽づくり	鑑賞
音楽を形づくっている要素を聴き取り，それらの働きが生み出すよさや面白さ，美しさを感じ取りながら，聴き取ったことと感じ取ったこととの関わりについて考え⇒			
⇒歌唱表現についての知識や技能を得たり生かしたりしながら，曲想を感じ取って表現を工夫し，どのように歌うかについて思いをもつこと。	⇒器楽表現についての知識や技能を得たり生かしたりしながら，曲想を感じ取って表現を工夫し，どのように演奏するかについて思いをもつこと。	⇒音楽づくりについての知識や技能を得たり生かしたりしながら，次の(ア)及び(イ)をできるようにすること。	⇒鑑賞についての知識を得たり生かしたりしながら，曲や演奏の楽しさを見いだし，曲全体を味わって聴くこと。

　　このように，〔共通事項〕アは，歌唱，器楽，音楽づくり，鑑賞の全ての事項アの文頭に位置付く性格のものである。

・〔共通事項〕イは，知識に関する内容を示しており，全ての「内容のまとまり」において，その趣旨を踏まえて適切に指導すべき内容である。

○評価規準作成の際の〔共通事項〕の位置付け

・〔共通事項〕については，配慮事項に「『A表現』及び『B鑑賞』の指導と併せて，十分な指導が行われるよう工夫すること」と示している。また，「小学校学習指導要領解説音楽編」において「指導計画の作成に当たっては，各領域や分野の事項と〔共通事項〕で示しているア及びイとの関連を図り，年間を通じてこれらを継続的に取り扱うように工夫することが重要である。」と示している。このことから，〔共通事項〕ア及びイについては，各領域や分野の事項との関連を図った上で，指導と評価を行う必要がある。なお，事項アについては，全ての題材で必ず位置付けなければ学習として成立しないため，「思考・判断・表現」の観点の趣旨の中に位置付けている。

・一方，事項イについては，「知識」の観点の趣旨に直接的には示していない。事項イの内容については，「音楽における働きと関わらせて理解すること」と示しており，主に「曲想と音楽の構造との関わり」について理解する過程や結果において理解されるものである。

＜参考：音楽科における事項の示し方＞

A表現
　(1) 歌唱
　　　ア…思考力，判断力，表現力等に関する内容
　　　イ…知識に関する内容
　　　ウ…技能に関する内容
　(2) 器楽
　　　ア…思考力，判断力，表現力等に関する内容
　　　イ…知識に関する内容
　　　ウ…技能に関する内容
　(3) 音楽づくり
　　　ア…思考力，判断力，表現力等に関する内容
　　　イ…知識に関する内容
　　　ウ…技能に関する内容
B鑑賞
　(1) 鑑賞
　　　ア…思考力，判断力，表現力等に関する内容
　　　イ…知識に関する内容
〔共通事項〕(1)
　　　ア…思考力，判断力，表現力等に関する内容
　　　イ…知識に関する内容

② 【観点ごとのポイント】を踏まえ，「内容のまとまりごとの評価規準」を作成する。

（1）「内容のまとまりごとの評価規準」を作成する際の【観点ごとのポイント】

○ 「知識・技能」のポイント

- 事項イ及びウの文末を「〜している」と変更して作成する。

- 事項にある「次の(ア)及び(イ)」や「次の(ア)から(ウ)まで」の部分は，(ア)から(ウ)までの事項のうち，いずれかを選択して置き換え作成する。なお，技能に関しては「〜をするために必要な」の後に適宜「，」を挿入する。

○ 「思考・判断・表現」のポイント

- 〔共通事項〕アの文末を「〜考え，」と変更し，その後に扱う領域や分野の事項アを組み合わせ，文末を「〜している」と変更して作成する。

- 事項アでは，前半部分に「知識や技能を得たり生かしたりしながら」と示しているが，この「得たり生かしたり」は，「知識及び技能」と「思考力，判断力，表現力等」とがどのような関係にあるかを明確にするために示している文言であり，「内容のまとまりごとの評価規準」としては設定しない。

○ 「主体的に学習に取り組む態度」のポイント

- 当該学年の「評価の観点の趣旨」の内容を踏まえて作成する。「評価の観点の趣旨」の文頭部分「音や音楽に親しむことができるよう，」は，「主体的に学習に取り組む態度」における音楽科の学習の目指す方向性を示している文言であるため，「内容のまとまりごとの評価規準」としては設定しない。

- 「評価の観点の趣旨」の「表現及び鑑賞」の部分は，扱う領域や分野に応じて「歌唱」「器楽」「音楽づくり」「鑑賞」より選択して置き換える。なお，「学習活動」とは，その題材における「知識及び技能」の習得や「思考力，判断力，表現力等」の育成に係る学習活動全体を指している。

- 「評価の観点の趣旨」の「楽しみながら」の部分は，「主体的・協働的に」に係る言葉であり，単に活動を「楽しみながら」取り組んでいるかを評価するものではない。あくまで，主体的・協働的に取り組む際に「楽しみながら」取り組めるように指導を工夫する必要があることを示唆しているものである。

<参考：第１学年及び第２学年　「Ａ表現」(1)歌唱　及び〔共通事項〕(1)>

知識・技能	思考・判断・表現	主体的に学習に取り組む態度
・曲想と音楽の構造との関わり，曲想と歌詞の表す情景や気持ちとの関わりについて気付いている。【知識】 ・思いに合った表現をするために必要な，[事項ウの(ア)，(イ)，(ウ)]（いずれかを選択）を身に付けている。【技能】	音楽を形づくっている要素を聴き取り，それらの働きが生み出すよさや面白さ，美しさを感じ取りながら，聴き取ったことと感じ取ったこととの関わりについて考え，曲想を感じ取って表現を工夫し，どのように歌うかについて思いをもっている。	音楽活動を楽しみながら主体的・協働的に歌唱の学習活動に取り組もうとしている。

（2）学習指導要領の「2　内容」及び「内容のまとまりごとの評価規準（例）」

	知識及び技能	思考力，判断力，表現力等	学びに向かう力，人間性等
学習指導要領　2　内容	イ　曲想と音楽の構造との関わり，曲想と歌詞の表す情景や気持ちとの関わりについて気付くこと。 〔共通事項〕 イ　音楽を形づくっている要素及びそれらに関わる身近な音符，休符，記号や用語について，音楽における働きと関わらせて理解すること。 ウ　思いに合った表現をするために必要な次の(ア)から(ウ)までの技能を身に付けること。 (ア)　範唱を聴いて歌ったり，階名で模唱したり暗唱したりする技能 (イ)　自分の歌声及び発音に気を付けて歌う技能 (ウ)　互いの歌声や伴奏を聴いて，声を合わせて歌う技能	ア　歌唱表現についての知識や技能を得たり生かしたりしながら，曲想を感じ取って表現を工夫し，どのように歌うかについて思いをもつこと。 〔共通事項〕 ア　音楽を形づくっている要素を聴き取り，それらの働きが生み出すよさや面白さ，美しさを感じ取りながら，聴き取ったことと感じ取ったこととの関わりについて考えること。	※内容には，学びに向かう力，人間性等について示されていないことから，当該学年の目標(3)を参考にする。

	知識・技能	思考・判断・表現	主体的に学習に取り組む態度
内容のまとまりごとの評価規準　例	・曲想と音楽の構造との関わり，曲想と歌詞の表す情景や気持ちとの関わりについて気付いている。 ・思いに合った表現をするために必要な，範唱を聴いて歌ったり，階名で模唱したり暗唱したりする技能を身に付けている。 ・思いに合った表現をするために必要な，自分の歌声及び発音に気を付けて歌う技能を身に付けている。 ・思いに合った表現をするために必要な，互いの歌声や伴奏を聴いて，声を合わせて歌う技能を身に付けている。	・音楽を形づくっている要素を聴き取り，それらの働きが生み出すよさや面白さ，美しさを感じ取りながら，聴き取ったことと感じ取ったこととの関わりについて考え，曲想を感じ取って表現を工夫し，どのように歌うかについて思いをもっている。	・音楽活動を楽しみながら主体的・協働的に歌唱の学習活動に取り組もうとしている。 ※必要に応じて学年別の評価の観点の趣旨のうち「主体的に学習に取り組む態度」に関わる部分を用いて作成する。

＜例２　第５学年及び第６学年「Ａ表現」(3)音楽づくり及び〔共通事項〕(1)＞

【小学校学習指導要領 第２章 第６節　音楽「第１ 目標」】及び【改善等通知 別紙４　音楽（１）評価の観点及びその趣旨　＜小学校　音楽＞】

　＜例１＞と同様のため省略

【小学校学習指導要領 第２章 第６節　音楽「第２ 各学年の目標及び内容」

〔第５学年及び第６学年〕　１ 目標】

（１）	（２）	（３）
曲想と音楽の構造などとの関わりについて理解するとともに，表したい音楽表現をするために必要な歌唱，器楽，音楽づくりの技能を身に付けるようにする。	音楽表現を考えて表現に対する思いや意図をもつことや，曲や演奏のよさなどを見いだしながら音楽を味わって聴くことができるようにする。	主体的に音楽に関わり，協働して音楽活動をする楽しさを味わいながら，様々な音楽に親しむとともに，音楽経験を生かして生活を明るく潤いのあるものにしようとする態度を養う。

(小学校学習指導要領 P. 121)

【改善等通知 別紙４　音楽（２）学年別の評価の観点の趣旨

＜小学校　音楽＞第５学年及び第６学年】

知識・技能	思考・判断・表現	主体的に学習に取り組む態度
・曲想と音楽の構造などとの関わりについて理解している。 ・表したい音楽表現をするために必要な技能を身に付け，歌ったり，演奏したり，音楽をつくったりしている。	音楽を形づくっている要素を聴き取り，それらの働きが生み出すよさや面白さ，美しさを感じ取りながら，聴き取ったことと感じ取ったこととの関わりについて考え，どのように表すかについて思いや意図をもったり，曲や演奏のよさなどを見いだし，音楽を味わって聴いたりしている。	音や音楽に親しむことができるよう，音楽活動を楽しみながら主体的・協働的に表現及び鑑賞の学習活動に取り組もうとしている。

(改善等通知　別紙４　P. 15)

① 各教科における「内容のまとまり」と「評価の観点」との関係を確認する。

A表現

(3) 音楽づくりの活動を通して，次の事項を身に付けることができるよう指導する。

　ア　音楽づくりについての知識や技能を得たり生かしたりしながら，次の(ア)及び(イ)をできるようにすること。

　　(ア) 即興的に表現することを通して，音楽づくりの様々な発想を得ること。

　　(イ) 音を音楽へと構成することを通して，どのように全体のまとまりを意識した音楽をつくるかについて思いや意図をもつこと。

　イ　次の(ア)及び(イ)について，それらが生み出すよさや面白さなどと関わらせて理解すること。

　　(ア) いろいろな音の響きやそれらの組合せの特徴

　　(イ) 音やフレーズのつなげ方や重ね方の特徴

　ウ　発想を生かした表現や，思いや意図に合った表現をするために必要な次の(ア)及び(イ)の技能を身に付けること。

　　(ア) 設定した条件に基づいて，即興的に音を選択したり組み合わせたりして表現する技能

　　(イ) 音楽の仕組みを用いて，音楽をつくる技能

〔共通事項〕

(1) 「A表現」及び「B鑑賞」の指導を通して，次の事項を身に付けることができるよう指導する。

　ア　音楽を形づくっている要素を聴き取り，それらの働きが生み出すよさや面白さ，美しさを感じ取りながら，聴き取ったことと感じ取ったこととの関わりについて考えること。

　イ　音楽を形づくっている要素及びそれらに関わる音符，休符，記号や用語について，音楽における働きと関わらせて理解すること。

> ___(下線) …知識及び技能に関する内容
> ＿＿(波線) …思考力，判断力，表現力等に関する内容

以下，＜例1＞と同様のため省略

② 【観点ごとのポイント】を踏まえ，「内容のまとまりごとの評価規準」を作成する。

（１）「内容のまとまりごとの評価規準」を作成する際の【観点ごとのポイント】

○各観点の評価規準の作成の仕方については，基本的に＜例１＞と同様であるが，以下の点に留意が必要である。

○「知識・技能」のポイント

・事項ウの前半部分「発想を生かした表現や，思いや意図に合った表現」のうち，「発想を生かした表現」をするために必要な技能として(ｱ)を，「思いや意図に合った表現」をするために必要な技能として(ｲ)を位置付けている。よって，この部分については，(ｱ)及び(ｲ)の内容のまとまりに配慮しつつ，後半部分の「次の(ｱ)及び(ｲ)の技能」に対応する部分について(ｱ)を選んで置き換えた場合は「発想を生かした表現」を，(ｲ)を選んで置き換えた場合は「思いや意図に合った表現」を選択する。なお，「～をするために必要な」の後に適宜「，」を挿入する。

○「思考・判断・表現」のポイント

・〔共通事項〕アの文末を「～考え，」と変更し，その後に事項アの(ｱ)，(ｲ)のうち，いずれか適切なものを選択して挿入し，文末を「～ている」と変更する。

＜参考：第５学年及び第６学年 「Ａ表現」(3)音楽づくり 及び〔共通事項〕(1)＞

知識・技能	思考・判断・表現	主体的に学習に取り組む態度
・[事項イの(ｱ)又は(ｲ)]について，それらが生み出すよさや面白さなどと関わらせて理解している。【知識】 ・[下で(ｱ)を選んだ場合は「発想を生かした表現」，(ｲ)を選んだ場合は「思いや意図に合った表現」]をするために必要な，[事項ウの(ｱ)又は(ｲ)]を身に付けている。【技能】	音楽を形づくっている要素を聴き取り，それらの働きが生み出すよさや面白さ，美しさを感じ取りながら，聴き取ったことと感じ取ったこととの関わりについて考え，[事項アの(ｱ)又は(ｲ)]（いずれかを選択し，文末を「～ている」と変更する）。	音楽活動を楽しみながら主体的・協働的に音楽づくりの学習活動に取り組もうとしている。

（2）学習指導要領の「2　内容」及び「内容のまとまりごとの評価規準（例）」

		知識及び技能	思考力，判断力，表現力等	学びに向かう力，人間性等
学習指導要領　2　内容		イ　次の(ｱ)及び(ｲ)について，それらが生み出すよさや面白さなどと関わらせて理解すること。 　(ｱ)　いろいろな音の響きやそれらの組合せの特徴 　(ｲ)　音やフレーズのつなげ方や重ね方の特徴 〔共通事項〕 イ　音楽を形づくっている要素及びそれらに関わる音符，休符，記号や用語について，音楽における働きと関わらせて理解すること。 ウ　発想を生かした表現や，思いや意図に合った表現をするために必要な次の(ｱ)及び(ｲ)の技能を身に付けること。 　(ｱ)　設定した条件に基づいて，即興的に音を選択したり組み合わせたりして表現する技能 　(ｲ)　音楽の仕組みを用いて，音楽をつくる技能	ア　音楽づくりについての知識や技能を得たり生かしたりしながら，次の(ｱ)及び(ｲ)をできるようにすること。 　(ｱ)　即興的に表現することを通して，音楽づくりの様々な発想を得ること。 　(ｲ)　音を音楽へと構成することを通して，どのように全体のまとまりを意識した音楽をつくるかについて思いや意図をもつこと。 〔共通事項〕 ア　音楽を形づくっている要素を聴き取り，それらの働きが生み出すよさや面白さ，美しさを感じ取りながら，聴き取ったことと感じ取ったこととの関わりについて考えること。	※内容には，学びに向かう力，人間性等について示されていないことから，当該学年の目標(3)を参考にする。

	知識・技能	思考・判断・表現	主体的に学習に取り組む態度
内容のまとまりごとの評価規準 例	・いろいろな音の響きやそれらの組合せの特徴について，それらが生み出すよさや面白さなどと関わらせて理解している。 ・音やフレーズのつなげ方や重ね方の特徴について，それらが生み出すよさや面白さなどと関わらせて理解している。 ・発想を生かした表現をするために必要な，設定した条件に基づいて，即興的に音を選択したり組み合わせたりして表現する技能を身に付けている。 ・思いや意図に合った表現をするために必要な，音楽の仕組みを用いて，音楽をつくる技能を身に付けている。	・音楽を形づくっている要素を聴き取り，それらの働きが生み出すよさや面白さ，美しさを感じ取りながら，聴き取ったことと感じ取ったこととの関わりについて考え，即興的に表現することを通して，音楽づくりの様々な発想を得ている。 ・音楽を形づくっている要素を聴き取り，それらの働きが生み出すよさや面白さ，美しさを感じ取りながら，聴き取ったことと感じ取ったこととの関わりについて考え，音を音楽へと構成することを通して，どのように全体のまとまりを意識した音楽をつくるかについて思いや意図をもっている。	・音楽活動を楽しみながら主体的・協働的に音楽づくりの学習活動に取り組もうとしている。 ※必要に応じて学年別の評価の観点の趣旨のうち「主体的に学習に取り組む態度」に関わる部分を用いて作成する。

第３編

題材ごとの学習評価について

（事例）

第1章　「内容のまとまりごとの評価規準」の考え方を踏まえた評価規準の作成

1　本編事例における学習評価の進め方について

　題材における観点別学習状況の評価を実施するに当たり，まずは年間の指導と評価の計画を確認することが重要である。その上で，学習指導要領の目標や内容，「内容のまとまりごとの評価規準」の考え方等を踏まえ，以下のように進めることが考えられる。なお，複数の題材にわたって評価を行う場合など，以下の方法によらない事例もあることに留意する必要がある。

評価の進め方	留意点
1　**題材の目標を作成する**	○　学習指導要領の目標や内容，学習指導要領解説等を踏まえて作成する。 ○　児童の実態，前題材までの学習状況等を踏まえて作成する。 ※　題材の目標及び評価規準の関係性（イメージ）については下図参照

題材の目標及び評価規準の関係性について（イメージ図）

学習指導要領　　第1編第2章1（2）を参照

「内容のまとまりごとの評価規準」

学習指導要領解説等を参考に，各学校において授業で育成を目指す資質・能力を明確化

「内容のまとまりごとの評価規準」の考え方等を踏まえて作成

題材の目標　　第3編第1章2を参照

題材の評価規準

※　外国語科及び外国語活動においてはこの限りではない。

評価の進め方	留意点
2　**題材の評価規準を作成する**	
3　**「指導と評価の計画」を作成する**	○　**1**，**2**を踏まえ，評価場面や評価方法等を計画する。 ○　どのような評価資料（児童の反応やノート，ワークシート，作品等）を基に，「おおむね満足できる」状況（B）と評価するかを考えたり，「努力を要する」状況（C）への手立て等を考えたりする。
授業を行う	○　**3**に沿って観点別学習状況の評価を行い，児童の学習改善や教師の指導改善につなげる。
4　**観点ごとに総括する**	○　集めた評価資料やそれに基づく評価結果などから，観点ごとの総括的評価（A，B，C）を行う。

2　題材の評価規準の作成のポイント

【題材の評価規準の作成のポイントについて】

○「知識・技能」

・知識については，「評価の観点の趣旨」と同様に，事項イの文末を「〜している」と変更することで作成することができる。なお，文頭部分に曲名等を挿入することも考えられる。

・技能については，技能を身に付けて表現している状態を評価することになるため，「評価の観点の趣旨」の文末では「歌ったり，演奏したり，音楽をつくったりしている」と示している。評価規準においても同様に，事項ウの文末を，扱う分野に応じて「歌っている」「演奏している」「音楽をつくっている」より選択して置き換えることで作成することができる。なお，「B鑑賞」の題材においては設定しない。

・事項にある「次の(ア)及び(イ)の」や「次の(ア)から(ウ)までの」の部分には，(ア)から(ウ)までの事項のうち，題材で扱う事項を一つ以上挿入することで設定することができる。なお，複数の事項を示しているものについては，当該の題材の目標や学習内容等に応じて，複数の事項の内容を設定することが考えられる。また，評価場面や評価方法が同じである場合，一文で表記することも考えられる。

○「思考・判断・表現」

・「思考・判断・表現」については，「評価の観点の趣旨」において，①〔共通事項〕アに関すること，②表現領域に関すること，③鑑賞領域に関することを示している。評価規準においても同様に，表現領域では①〔共通事項〕ア及び②表現領域に関する内容，鑑賞領域では①〔共通事項〕ア及び③鑑賞領域に関する内容の事項に応じて，それぞれの具体的内容に置き換え，文末を「〜している」と変更することで作成することができる。

・事項アでは，前半部分に「知識や技能を得たり生かしたりしながら」と示しているが，「得たり生かしたり」は，「知識及び技能」と「思考力，判断力，表現力等」とがどのような関係にあるかを明確にするために示している文言であり，題材の評価規準としては設定しない。

・①〔共通事項〕アに関することについては，音色，リズム，速度，旋律，強弱，音の重なり，和音の響き，音階，調，拍，フレーズ，反復，呼びかけとこたえ，変化，音楽の縦と横との関係など，「第3　指導計画の作成と内容の取扱い」2(8)に示した「ア　音楽を特徴付けている要素」や「イ　音楽の仕組み」から，その題材の学習において，児童の思考・判断のよりどころとなる主な音楽を形づくっている要素を適切に選択して置き換える（例1，2(ア)，2(イ)の下線部）。

○「主体的に学習に取り組む態度」

・当該学年の「評価の観点の趣旨」の内容を踏まえて作成する。「評価の観点の趣旨」の文頭部分「音や音楽に親しむことができるよう，」は，「主体的に学習に取り組む態度」における音楽科の学習の目指す方向性を示している文言であり，題材の評価規準としては設定しない。

・「評価の観点の趣旨」の「表現及び鑑賞」の部分は，扱う領域や分野に応じて「歌唱」「器楽」「音楽づくり」「鑑賞」より選択して置き換える。なお，「学習活動」とは，その題材における「知識及び技能」の習得や「思考力，判断力，表現力等」の育成に係る学習活動全体を指している。

・「評価の観点の趣旨」の「楽しみながら」の部分は，「主体的・協働的に」に係る文言であり，単に活動を「楽しみながら」取り組んでいるかを評価するものではない。あくまで，主体的・協働的に取り組む際に「楽しみながら」取り組めるように指導を工夫する必要があることを示唆しているものである。

・文頭部分には，その題材の学習に粘り強く取り組んだり，自らの学習を調整しようとする意思をもったりできるようにするために必要となる，取り扱う教材曲の特徴や学習内容など，児童に興味・関心をもたせたい事柄に関して記載することが考えられる（例1，2 (ｱ)，2 (ｲ)の波線部）。ただし，興味・関心をもっているかということのみを評価するものではないことに留意が必要である。

＜参考：題材の評価規準の基本構造（第1学年及び第2学年「A表現・歌唱」の例）＞

＊下線部は事項の文言を「評価の観点の趣旨」に倣って置き換えた部分，ゴシック体の ［　］内及び波線部は，事項や「評価の観点の趣旨」の文言を，題材で扱う内容に合わせて適切に選択するなどして置き換えたり挿入したりする部分である。

知識・技能	思考・判断・表現	主体的に学習に取り組む態度
・曲想と音楽の構造との関わり，曲想と歌詞の表す情景や気持ちとの関わりについて気付いている。【知識】 ・思いに合った表現をするために必要な，[事項ウの(ｱ)，(ｲ)，(ｳ)]（いずれかを選択）を身に付けて歌っている。【技能】	[音色，リズム，速度，旋律，強弱，音の重なり，和音の響き，音階，調，拍，フレーズ，反復，呼びかけとこたえ，変化，音楽の縦と横との関係など]（その題材の学習において，児童の思考・判断のよりどころとなる主な音楽を形づくっている要素を適切に選択）を聴き取り，それらの働きが生み出すよさや面白さ，美しさを感じ取りながら，聴き取ったことと感じ取ったこととの関わりについて考え，曲想を感じ取って表現を工夫し，どのように歌うかについて思いをもっている。	[その題材の学習に粘り強く取り組んだり，自らの学習を調整しようとする意思をもったりできるようにするために必要となる，取り扱う教材曲の特徴や学習内容など，興味・関心をもたせたい事柄]に興味をもち，音楽活動を楽しみながら主体的・協働的に歌唱の学習活動に取り組もうとしている。

知識・技能	思考・判断・表現	主体的に学習に取り組む態度
・曲想と音楽の構造などとの関わりについて気付いている。 ・音楽表現を楽しむために必要な技能を身に付け，歌ったり，演奏したり，音楽をつくったりしている。	音楽を形づくっている要素を聴き取り，それらの働きが生み出すよさや面白さ，美しさを感じ取りながら，聴き取ったことと感じ取ったこととの関わりについて考え，どのように表すかについて思いをもったり，曲や演奏の楽しさを見いだし，音楽を味わって聴いたりしている。	音や音楽に親しむことができるよう，音楽活動を楽しみながら主体的・協働的に表現及び鑑賞の学習活動に取り組もうとしている。

【題材の評価規準　例】

例1　第1学年及び第2学年　「A表現」(1)歌唱　及び〔共通事項〕(1)

		知識及び技能	思考力，判断力，表現力等	学びに向かう力，人間性等
学習指導要領　2　内容		イ　曲想と音楽の構造との関わり，曲想と歌詞の表す情景や気持ちとの関わりについて気付くこと。 〔共通事項〕 イ　音楽を形づくっている要素及びそれらに関わる身近な音符，休符，記号や用語について，音楽における働きと関わらせて理解すること。(※1) ウ　思いに合った表現をするために必要な次の(ア)から(ウ)までの技能を身に付けること。 (ア)　範唱を聴いて歌ったり，階名で模唱したり暗唱したりする技能 (イ)　自分の歌声及び発音に気を付けて歌う技能 (ウ)　互いの歌声や伴奏を聴いて，声を合わせて歌う技能	ア　歌唱表現についての知識や技能を得たり生かしたりしながら，曲想を感じ取って表現を工夫し，どのように歌うかについて思いをもつこと。 〔共通事項〕 ア　音楽を形づくっている要素を聴き取り，それらの働きが生み出すよさや面白さ，美しさを感じ取りながら，聴き取ったことと感じ取ったこととの関わりについて考えること。(※1)	※内容には，学びに向かう力，人間性等について示されていないことから，当該学年の目標(3)を参考にする。

		知識・技能	思考・判断・表現	主体的に学習に取り組む態度
題材の評価規準　例　※2		知　曲想と音楽の構造（※3）との関わり，曲想と歌詞の表す情景や気持ちとの関わりについて気付いている。 技　思いに合った表現をするために必要な，範唱を聴いて歌ったり，階名で模唱したり暗唱したりする技能を身に付けて歌っている。 技　思いに合った表現をするために必要な，自分の歌声及び発音に気を付けて歌う技能を身に付けて歌っている。 技　思いに合った表現をするために必要な，互いの歌声や伴奏（※4）を聴いて，声を合わせて歌う技能を身に付けて歌っている。（※5）	思　旋律，呼びかけとこたえを聴き取り，それらの働きが生み出すよさや面白さ，美しさを感じ取りながら，聴き取ったことと感じ取ったこととの関わりについて考え，曲想を感じ取って表現を工夫し，どのように歌うかについて思いをもっている。	態　呼びかけ合って歌う表現に興味をもち，音楽活動を楽しみながら主体的・協働的に歌唱の学習活動に取り組もうとしている。

※1：〔共通事項〕については，配慮事項に「『A表現』及び『B鑑賞』の指導と併せて，十分な指導が行われるよう工夫すること」と示している。また，「小学校学習指導要領解説音楽編」において「指導計画の作成に当たっては，各領域や分野の事項と〔共通事項〕で示しているア及びイとの関連を図り，年間を通じてこれらを継続的に取り扱うように工夫することが重要である。」と示している。このことから，〔共通事項〕ア及びイについては，各領域や分野の事項との関連を図った上で，指導と評価を行う必要がある。なお，事項アについては，全ての題材で必ず位置付けなければ学習として成立しないため，「思考・判断・表現」の観点の趣旨の中に位置付けている。

　一方，事項イについては，「知識」の観点の趣旨に直接的には示していない。事項イの内容については，「音楽における働きと関わらせて理解すること」と示しており，主に「曲想と音楽の構造との関わり」について理解する過程やその結果において理解されるものである。

※2：「知識・技能」の評価規準については，知識と技能とを個別に評価したり，一体的に評価したりするケースが想定される。本参考資料においては，各評価規準の略した表記として，知識に関する評価規準を知と，技能に関する評価規準を技と，知識と技能の両方に関する評価規準を知技と，区分して示している。なお，「思考・判断・表現」の観点についての評価規準は思，「主体的に学習に取り組む態度」の観点についての評価規準は態と表記している。

※3：「音楽の構造」とは，音楽を形づくっている要素の表れ方や，音楽を特徴付けている要素と音楽の仕組みとの関わり合いである。この「音楽の構造」は，「思考・判断・表現」の評価規準において位置付けた音楽を形づくっている要素との関わりについて十分考慮して指導と評価を行う必

要がある。例えば，例1では，「思考・判断・表現」の評価規準で，音楽を形づくっている要素として「旋律」と「呼びかけとこたえ」を選択して位置付けているが，学習活動においては，これら「旋律」や「呼びかけとこたえ」を聴き取り，それらの働きが生み出すよさや面白さ，美しさを感じ取りながら，聴き取ったことと感じ取ったこととの関わりについて考えることを，知識に関する学習における「音楽の構造」を捉えることと関連付けて指導することが大切になってくる。

※4：事項に示している内容のうち，本題材の学習で扱わない部分（例1では，伴奏を伴わない教材曲を扱う場合を想定）については削除することも考えられる。

※5：技能の評価規準に関しては「～をするために必要な」の後に適宜「，」を挿入する。

<参考>

○　学年や，領域及び分野によって事項の文言が異なるため，評価規準を作成する際は，当該の学年や領域及び分野ごとの事項の文言に合わせて設定する。

[学年が異なる場合の例]

第3学年及び第4学年の「A表現」(1)歌唱について，「知識・技能」の評価規準を作成する場合は，<例1>の「知識・技能」に示した例と下線部の文言が異なるため注意が必要である。

第3学年及び第4学年　「A表現」(1)歌唱	
学習指導要領 （イ及びウのみ）	題材の評価規準　例 「知識・技能」
イ　曲想と音楽の構造や歌詞の内容との関わりについて気付くこと。	知　曲想と音楽の構造や歌詞の内容との関わりについて気付いている。
ウ　思いや意図に合った表現をするために必要な次の(ア)から(ウ)までの技能を身に付けること。 (ア)　範唱を聴いたり，ハ長調の楽譜を見たりして歌う技能 (イ)　呼吸及び発音の仕方に気を付けて，自然で無理のない歌い方で歌う技能 (ウ)　互いの歌声や副次的な旋律，伴奏を聴いて，声を合わせて歌う技能	技　思いや意図に合った表現をするために必要な，範唱を聴いたり，ハ長調の楽譜を見たりして歌う技能を身に付けて歌っている。 技　思いや意図に合った表現をするために必要な，呼吸及び発音の仕方に気を付けて，自然で無理のない歌い方で歌う技能を身に付けて歌っている。 技　思いや意図に合った表現をするために必要な，互いの歌声や副次的な旋律，伴奏を聴いて，声を合わせて歌う技能を身に付けて歌っている。

[分野が異なる場合の例]

　領域及び分野ごとに事項の文言が異なる部分に注意が必要である。第1学年及び第2学年の「A表現」(2)器楽について，「技能」の評価規準を作成した場合，<例1>の「技能」に示した例と下線部の文言が異なる。また，「評価の観点の趣旨」の文末で「歌ったり，演奏したり，音楽をつくったり」と示した部分は，扱う分野に応じて「歌って」「演奏して」「音楽をつくって」より選択して以下のように波線部に挿入する。

第１学年及び第２学年　「Ａ表現」(2)器楽	
学習指導要領（ウのみ）	題材の評価規準　例　「技能」
ウ　思いに合った表現をするために必要な次の(ｱ)から(ｳ)までの技能を身に付けること。 (ｱ)　範奏を聴いたり，リズム譜などを見たりして演奏する技能 (ｲ)　音色に気を付けて，旋律楽器及び打楽器を演奏する技能 (ｳ)　互いの楽器の音や伴奏を聴いて，音を合わせて演奏する技能	技　思いに合った表現をするために必要な，範奏を聴いたり，リズム譜などを見たりして演奏する技能を身に付けて演奏している。 技　思いに合った表現をするために必要な，音色に気を付けて，鍵盤ハーモニカ（※）を演奏する技能を身に付けて演奏している。 技　思いに合った表現をするために必要な，互いの楽器の音や伴奏を聴いて，音を合わせて演奏する技能を身に付けて演奏している。

※「鍵盤ハーモニカ」については，一例として示している。このように取り扱う具体的な楽器名を挿入することも考えられる。

例2　第5学年及び第6学年　「A表現」(3)音楽づくり　及び〔共通事項〕(1)

【題材の評価規準の作成のポイントについて】

○音楽づくりにおいては，各事項の(ア)及び(イ)の内容のまとまりを念頭に置いて題材を構成することが必要となる。各観点の評価規準の作成の仕方については，基本的に＜例1＞と同様であるが，加えて以下の点に留意が必要である。

○「知識・技能」

・事項ウの前半部分「発想を生かした表現や，思いや意図に合った表現」のうち，「発想を生かした表現」をするために必要な技能として(ア)を，「思いや意図に合った表現」をするために必要な技能として(イ)を位置付けている。よって，この部分については，(ア)及び(イ)の内容のまとまりに配慮しつつ，後半部分の「次の(ア)及び(イ)の技能」に対応する部分について(ア)を選んで置き換えた場合は「発想を生かした表現」を，(イ)を選んで置き換えた場合は「思いや意図に合った表現」を選択する。

○「思考・判断・表現」

・最後の部分は，事項アの(ア)，(イ)のうち，いずれか適切なものを選択して挿入し，文末を「〜ている」と変更する。

＜参考：題材の評価規準の基本構造（第5学年及び第6学年「A表現・音楽づくり」の例）＞

＊下線部は事項の文言を「評価の観点の趣旨」に倣って置き換えた部分，ゴシック体の［　］内及び波線部は，事項や「評価の観点の趣旨」の文言を題材で扱う内容に合わせて適切に選択するなどして置き換えたり挿入したりする部分である。

知識・技能	思考・判断・表現	主体的に学習に取り組む態度
・［事項イの(ア)又は(イ)］について，それらが生み出すよさや面白さなどと関わらせて理解している。【知識】 ・［下で(ア)を選んだ場合は「発想を生かした表現」，(イ)を選んだ場合は「思いや意図に合った表現」］をするために必要な，［事項ウの(ア)又は(イ)］を身に付けて音楽をつくっている。【技能】	［音色，リズム，速度，旋律，強弱，音の重なり，和音の響き，音階，調，拍，フレーズ，反復，呼びかけとこたえ，変化，音楽の縦と横との関係など］（その題材の学習において，児童の思考・判断のよりどころとなる主な音楽を形づくっている要素を適切に選択）を聴き取り，それらの働きが生み出すよさや面白さ，美しさを感じ取りながら，聴き取ったことと感じ取ったこととの関わりについて考え，［事項アの(ア)又は(イ)］（いずれかを選択し，文末を「〜ている」と変更する）。	［その題材の学習に粘り強く取り組んだり，自らの学習を調整しようとする意思をもったりできるようにするために必要となる，取り扱う教材曲の特徴や学習内容など，興味・関心をもたせたい事柄］に興味・関心をもち，音楽活動を楽しみながら主体的・協働的に音楽づくりの学習活動に取り組もうとしている。

【題材の評価規準　例】

例2　第5学年及び第6学年　「A表現」(3)音楽づくり　及び〔共通事項〕(1)

	知識及び技能	思考力，判断力，表現力等	学びに向かう力，人間性等
学習指導要領　2　内容	イ　次の(ア)及び(イ)について，それらが生み出すよさや面白さなどと関わらせて理解すること。 (ア)　いろいろな音の響きやそれらの組合せの特徴 (イ)　音やフレーズのつなげ方や重ね方の特徴 〔共通事項〕 イ　音楽を形づくっている要素及びそれらに関わる音符，休符，記号や用語について，音楽における働きと関わらせて理解すること。（※1） ウ　発想を生かした表現や，思いや意図に合った表現をするために必要な次の(ア)及び(イ)の技能を身に付けること。 (ア)　設定した条件に基づいて，即興的に音を選択したり組み合わせたりして表現する技能 (イ)　音楽の仕組みを用いて，音楽をつくる技能	ア　音楽づくりについての知識や技能を得たり生かしたりしながら，次の(ア)及び(イ)をできるようにすること。 (ア)　即興的に表現することを通して，音楽づくりの様々な発想を得ること。 (イ)　音を音楽へと構成することを通して，どのように全体のまとまりを意識した音楽をつくるかについて思いや意図をもつこと。 〔共通事項〕 ア　音楽を形づくっている要素を聴き取り，それらの働きが生み出すよさや面白さ，美しさを感じ取りながら，聴き取ったことと感じ取ったこととの関わりについて考えること。（※1）	※内容には，学びに向かう力，人間性等について示されていないことから，当該学年の目標(3)を参考にする。

例2（ア）　事項ア（ア），イ（ア），ウ（ア）で題材を構成している場合の例

		知識・技能	思考・判断・表現	主体的に学習に取り組む態度
題材の評価規準　例	知	いろいろな音の響きやそれらの組合せの特徴（※2）について，それらが生み出すよさや面白さなどと関わらせて理解している。	思 音色，音の重なり，音楽の縦と横との関係を聴き取り，それらの働きが生み出すよさや面白さ，美しさを感じ取りながら，聴き取ったことと感じ取ったこととの関わりについて考え，即興的に表現することを通して，音楽づくりの様々な発想を得ている。	態 楽器の音の響きや組合せの面白さに興味・関心をもち，音楽活動を楽しみながら主体的・協働的に音楽づくりの学習活動に取り組もうとしている。
	技	発想を生かした表現をするために必要な，設定した条件に基づいて，即興的に音を選択したり組み合わせたりして表現する技能を身に付けて音楽をつくっている。		

例2（イ）　事項ア（イ），イ（イ），ウ（イ）で題材を構成している場合の例

		知識・技能	思考・判断・表現	主体的に学習に取り組む態度
題材の評価規準　例	知	音やフレーズのつなげ方や重ね方の特徴（※2）について，それらが生み出すよさや面白さなどと関わらせて理解している。	思 リズム，反復，音楽の縦と横との関係を聴き取り，それらの働きが生み出すよさや面白さ，美しさを感じ取りながら，聴き取ったことと感じ取ったこととの関わりについて考え，音を音楽へと構成することを通して，どのように全体のまとまりを意識した音楽をつくるかについて思いや意図をもっている。	態 リズムのつなげ方や重ね方のよさや面白さに興味・関心をもち，音楽活動を楽しみながら主体的・協働的に音楽づくりの学習活動に取り組もうとしている。
	技	思いや意図に合った表現をするために必要な，音楽の仕組みを用いて，音楽をつくる技能を身に付けて音楽をつくっている。		

※1：〔共通事項〕については＜例1＞（P.47参照）と同様

※2：例2（ア）及び例2（イ）の「いろいろな音の響きやそれらの組合せの特徴」や「音やフレーズのつなげ方や重ね方の特徴」は，「思考・判断・表現」の評価規準において位置付けた音楽を形づくっている要素との関わりについて十分考慮して指導と評価を行う必要がある。この例では，「思考・判断・表現」の評価規準で，音楽を形づくっている要素として「音色」，「リズム」，「音の重なり」，「反復」，「音楽の縦と横との関係」を選択して位置付けているが，これらの音楽を形づくっている要素を聴き取り，それらの働きが生み出すよさや面白さ，美しさを感じ取りながら，聴き取ったことと感じ取ったこととの関わりについて考えることを，知識に関する学習における「特徴」を捉えることと関連付けて指導することが大切になってくる。

第2章　学習評価に関する事例について

1　事例の特徴

　第1編第1章2（4）で述べた学習評価の改善の基本的な方向性を踏まえつつ，平成29年改訂学習指導要領の趣旨・内容の徹底に資する評価の事例を示すことができるよう，本参考資料における事例は，原則として以下のような方針を踏まえたものとしている。

第3編

○　題材に応じた評価規準の設定から評価の総括までとともに，児童の学習改善及び教師の指導改善までの一連の流れを示している

　　本参考資料で提示する事例は，いずれも，題材の評価規準の設定から評価の総括までとともに，評価結果を児童の学習改善や教師の指導改善に生かすまでの一連の学習評価の流れを念頭においたものである（事例の一つは，この一連の流れを特に詳細に示している）。なお，観点別の学習状況の評価については，「おおむね満足できる」状況，「十分満足できる」状況，「努力を要する」状況と判断した児童の具体的な状況の例などを示している。「十分満足できる」状況という評価になるのは，児童が実現している学習の状況が質的な高まりや深まりをもっていると判断されるときである。

○　観点別の学習状況について評価する時期や場面の精選について示している

　　報告や改善等通知では，学習評価については，日々の授業の中で児童の学習状況を適宜把握して指導の改善に生かすことに重点を置くことが重要であり，観点別の学習状況についての評価は，毎回の授業ではなく原則として単元や題材など内容や時間のまとまりごとに，それぞれの実現状況を把握できる段階で行うなど，その場面を精選することが重要であることが示された。このため，観点別の学習状況について評価する時期や場面の精選について，「指導と評価の計画」の中で，具体的に示している。

○　評価方法の工夫を示している

　　児童の反応やノート，ワークシート，作品等の評価資料をどのように活用したかなど，評価方法の多様な工夫について示している。

2 各事例概要一覧と事例

事例1　キーワード　指導と評価の計画から評価の総括まで
「曲のとくちょうをとらえて表現しよう」（第4学年）

　本事例は，「とんび」と「エーデルワイス」の曲想と音楽の構造との関わりなどについて気付くとともに，思いや意図に合った音楽表現をするために必要な技能を身に付けながら，曲の特徴を捉えた表現を工夫して歌ったりリコーダーを演奏したりする，歌唱と器楽の題材である。学習指導要領の内容は，「A表現」(1)歌唱の事項ア，イ，ウ(イ)，(2)器楽の事項ア，イ(ア)(イ)，ウ(イ)，〔共通事項〕(1)ア（本題材の学習において，児童の思考・判断のよりどころとなる主な音楽を形づくっている要素は，「旋律」，「フレーズ」，「反復」，「変化」）を扱う。ここでは，指導と評価の計画から評価の総括までの一連の流れについて紹介している。

事例2　キーワード　「知識・技能」の評価
「がっきのおとをたのしもう」（第1学年）

　本事例は，打楽器で様々な音の出し方を工夫する音遊びをし，鑑賞教材では打楽器の音に特徴がある「シンコペーテッド・クロック」を扱う。そして，音遊びや鑑賞で学んだことを生かしながら，時計の様子を表す音楽をつくる，鑑賞と音楽づくりの題材である。学習指導要領の内容は，「A表現」(3)音楽づくりの事項ア(ア)，イ(ア)，ウ(ア)，「B鑑賞」の(1)鑑賞の事項ア，イ，〔共通事項〕(1)ア（本題材の学習において，児童の思考・判断のよりどころとなる主な音楽を形づくっている要素は，「音色」，「リズム」）を扱う。ここでは，「知識・技能」の評価について紹介している。

事例3　キーワード　「思考・判断・表現」の評価
「和音に合わせて旋律をつくろう」（第5学年）

　本事例は，和音の響きとその移り変わりや，和音と旋律との関わりなどについて理解するとともに，思いや意図に合った音楽表現をするために必要な，音楽の仕組みを用いて，音楽をつくる技能を身に付けながら，和音の移り変わりに合った旋律をつくる，音楽づくりの題材である。学習指導要領の内容は，「A表現」(3)音楽づくりの事項ア(イ)，イ(イ)，ウ(イ)，〔共通事項〕(1)ア（本題材の学習において，児童の思考・判断のよりどころとなる主な音楽を形づくっている要素は，「音楽の縦と横との関係」）を扱う。ここでは，「思考・判断・表現」の評価について紹介している。

事例4　キーワード　「主体的に学習に取り組む態度」の評価
「地域の祭り囃子に親しもう」（第3学年）

　本事例は，「葛西囃子」と「静岡浅間神社祭礼囃子」の曲想と音楽の構造との関わりについて気付くとともに，祭り囃子の音楽のよさなどを見いだし，曲全体を味わって聴く鑑賞の題材である。学習指導要領の内容は，「B鑑賞」(1)の事項ア，イ，〔共通事項〕(1)ア（本題材の学習において，児童の思考・判断のよりどころとなる主な音楽を形づくっている要素は，「音色」，「リズム」，「速度」，「変化」）を扱う。ここでは，「主体的に学習に取り組む態度」の評価について紹介している。

　なお，本題材では地域の人材を活用し，児童が実際の演奏に触れたり，締太鼓を演奏したりする活動などを取り入れている。

音楽科　　事例1
キーワード　指導と評価の計画から評価の総括まで

題材名	内容のまとまり
曲のとくちょうをとらえて表現しよう	〔第3学年及び第4学年〕「A表現」(1)歌唱　及び〔共通事項〕
（第4学年）「A表現・歌唱」「A表現・器楽」	(1) ／ (2)器楽　及び〔共通事項〕(1)

1　題材の目標

(1)　「とんび」，「エーデルワイス」の曲想と音楽の構造との関わりなどについて気付くとともに，思いや意図に合った音楽表現をするために必要な技能を身に付ける。

(2)　「とんび」，「エーデルワイス」の旋律，フレーズ，反復，変化などを聴き取り，それらの働きが生み出すよさや面白さ，美しさを感じ取りながら，聴き取ったことと感じ取ったこととの関わりについて考え，曲の特徴を捉えた表現を工夫し，どのように歌ったり演奏したりするかについて思いや意図をもつ。

(3)　曲の特徴を捉えて表現する学習に興味をもち，音楽活動を楽しみながら主体的・協働的に歌唱や器楽の学習活動に取り組み，日本のうたやリコーダーに親しむ。

※「題材の目標」は，次のように1文で示すことも考えられる。

　「とんび」，「エーデルワイス」の曲想と音楽の構造との関わりなどについて気付くとともに，思いや意図に合った音楽表現をするために必要な技能を身に付けながら，曲の特徴を捉えた表現を工夫し，思いや意図をもって歌ったり演奏したりし，日本のうたやリコーダーに親しむ。

2　本題材で扱う学習指導要領の内容

A表現

(1)　歌唱の活動を通して，次の事項を身に付けることができるよう指導する。

　ア　歌唱表現についての知識や技能を得たり生かしたりしながら，曲の特徴を捉えた表現を工夫し，どのように歌うかについて思いや意図をもつこと。

　イ　曲想と音楽の構造や歌詞の内容との関わりについて気付くこと。

　ウ　思いや意図に合った表現をするために必要な次の(ア)から(ウ)までの技能を身に付けること。

　　(イ)　呼吸及び発音の仕方に気を付けて，自然で無理のない歌い方で歌う技能

(2)　器楽の活動を通して，次の事項を身に付けることができるよう指導する。

　ア　器楽表現についての知識や技能を得たり生かしたりしながら，曲の特徴を捉えた表現を工夫し，どのように演奏するかについて思いや意図をもつこと。

　イ　次の(ア)及び(イ)について気付くこと。

　　(ア)　曲想と音楽の構造との関わり

　　(イ)　楽器の音色や響きと演奏の仕方との関わり

　ウ　思いや意図に合った表現をするために必要な次の(ア)から(ウ)までの技能を身に付けること。

　　(イ)　音色や響きに気を付けて，旋律楽器及び打楽器を演奏する技能

〔共通事項〕

(1)　「A表現」及び「B鑑賞」の指導を通して，次の事項を身に付けることができるよう指導する。

　　ア　音楽を形づくっている要素を聴き取り，それらの働きが生み出すよさや面白さ，美しさを感じ
取りながら，聴き取ったことと感じ取ったこととの関わりについて考えること。

　　（本題材の学習において，児童の思考・判断のよりどころとなる主な音楽を形づくっている要素：
「旋律」，「フレーズ」，「反復」，「変化」）

3　題材の評価規準

第3編
事例1

知識・技能	思考・判断・表現	主体的に学習に取り組む態度
①技　思いや意図に合った音楽表現をするために必要な，呼吸に気を付けて，自然で無理のない歌い方で歌う技能を身に付けて歌っている。（歌唱） ②知　曲想と音楽の構造などとの関わりについて気付いている。（歌唱，器楽） ③知技　リコーダーの音色や響きと演奏の仕方との関わりについて気付くとともに，思いや意図に合った表現をするために必要な，音色や響きに気を付けてリコーダーを演奏する技能を身に付けて演奏している。（器楽）	思①　旋律，フレーズ，反復，変化を聴き取り，それらの働きが生み出すよさや面白さ，美しさを感じ取りながら，聴き取ったことと感じ取ったこととの関わりについて考え，曲の特徴を捉えた表現を工夫し，どのように歌うかについて思いや意図をもっている。（歌唱） 思②　旋律，フレーズ，反復，変化を聴き取り，それらの働きが生み出すよさや面白さ，美しさを感じ取りながら，聴き取ったことと感じ取ったこととの関わりについて考え，曲の特徴を捉えた表現を工夫し，どのように演奏するかについて思いや意図をもっている。（器楽）	態①　曲の特徴を捉えて表現する学習に興味をもち，音楽活動を楽しみながら主体的・協働的に歌唱や器楽の学習活動に取り組もうとしている。 　　（歌唱，器楽）

＊各観点において記録に残す場面の順に番号を付しているが，「知識・技能」の評価規準においては，
「知識・技能」の観点を通して番号を付し，その後に知，技，知技の区分を表記している。

4　指導と評価の計画（5時間）　　　　　　　　　　　

次	時間	◎ねらい　○学習内容　・学習活動	知・技	思	態
第一次	第1時	◎「とんび」の曲の特徴を捉えた表現を工夫して歌う。 ○「とんび」の歌詞の表す様子や旋律の反復など曲の特徴を捉える。 ・範唱を聴いて感じたことを発表する。 ・歌詞を読んだり，とんびが空を舞う写真を見たりしながら，歌詞の表す様子や雰囲気を感じ取る。 ・リズムや音程に気を付けて，楽譜を見ながら歌詞唱する。 ・曲の特徴的なところをワークシートに書いて発表する。 【児童の記述例】 ・ピンヨローのところは，とんびが鳴きながら飛んでいる様子を歌っていて面白い。 ・歌詞の表す様子を思い浮かべながら歌う。 ○「とんび」の曲の特徴を捉えて表現を工夫する。 ・第3フレーズ（9〜12小節）の「ピンヨロー」の部分について，とんびが鳴きながら飛ぶ様子や，旋律の反復などの特徴を捉えて表現を工夫する。 【児童の工夫例】 ・とんびが鳴きながら近付いてきて，去っていく様子を表したいから，前半2小節は f で後半2小節は p で歌おう。 ・第1時で学習した表現を生かして，全員で「とんび」を歌う。			
	第2時	○旋律，フレーズ，反復，変化などをよりどころにして，「とんび」の曲想と音楽の構造や歌詞の内容との関わりについて気付く。 ・前時を振り返り，第3フレーズの「ピンヨロー」の部分について表現を工夫して歌う。 ・歌いながら，旋律の動きに合わせて手を動かす。 ・歌いながら第1，2，4フレーズの旋律の反復や，第3フレーズでの変化について気付いたことをワークシートに書く（第1フレーズ：1〜4小節／第2フレーズ：5〜8小節／第4フレーズ：13〜16小節）。 【児童の記述例】 ・1段目と2段目は上がったり下がったりする旋律の動きで，とんびがゆったり飛んでいる様子を表している。 ・1段目と2段目の旋律の動きがよく似ているけれど，3段目は全然違う。 ○「とんび」の曲想と音楽の構造や歌詞の内容との関わりについて気付いたことを生かして表現を工夫し，思いや意図をもつ。 ・第1，2，4フレーズと第3フレーズの動きの違いに着目して考えたり歌ったりする。 【児童の工夫例】 ・1，2，4段目では旋律の音が上がるときクレシェンド，下がるときデクレシェンドすると，とんびがゆったりと飛んでいる様子が伝わるかな。 ・3段目は他の部分と違って，とんびの鳴いている様子を表せるように，遠くまで響くような歌い方で歌えるようにしよう。 ○第1〜2時で学習したことを生かし，思いや意図に合った表現をするために必要な，呼吸に気を付けて，自然で無理のない歌い方で歌う技能を身に付けて歌う。	②知 記述・発言 ①技 聴取	①記述・発言・聴取	

第二次			評価
	第3時	◎「エーデルワイス」の曲の特徴を捉えた表現を工夫してリコーダーを演奏する。 ○「エーデルワイス」の特徴を捉えてリコーダーで旋律を演奏する。 ・旋律の特徴を捉えながら，リコーダーの範奏を聴く。 ・3拍子の拍のまとまりを捉えて体を動かしたり，楽譜を見ながら階名唱をしたりする。 ・範奏を聴いたり楽譜を見たりしながら，リコーダーで旋律を演奏する。 ○運指や音色に気を付けてリコーダーを演奏する。 ・運指に気を付けて曲全体を演奏する。 ・音色や響きに気を付けて，適切な息の強さやタンギングで演奏する。	②知記述・発言 → ① 観察・記述・聴取
	第4時	○「エーデルワイス」の特徴を捉えてリコーダーの表現を工夫する。 ・「とんび」での学習を振り返りながら，「エーデルワイス」の曲の特徴への気付きを深める。 【児童の記述例】 ・前半，上がって下がる旋律が反復されるところが「とんび」に似ている。 ・3段目の出だしははずんだリズムに変わって，生き生きとした感じになる。 ・第3フレーズ（17～24小節）について，曲想の変化を捉えて表現を工夫する。 【児童の工夫例】 ・2段目までは，4小節の旋律のまとまりをなめらかに吹きたい。 ・3段目は生き生きとした感じが伝わるように，タンギングを変えてみよう。	②記述・発言・聴取
	第5時	○前時までの学習を基に，グループごとに，「エーデルワイス」の特徴を捉えた表現を工夫し，思いや意図に合った表現をするために必要な，リコーダーの演奏の仕方に関する知識と技能を身に付けてリコーダーを演奏する。 ・第2フレーズ（9～16小節）が再び現れるという反復など，音楽の仕組みを捉えて表現を工夫する。 【児童の工夫例】 ・1，2，4段目はなめらかに吹けるように，息の使い方に気を付けて演奏しよう。 ・3段目ははずむような感じだから，他の部分よりもタンギングをはっきりさせて吹けるようにしよう。 ・旋律の動きにふさわしい息の強さやタンギングに気を付けて演奏する。 ○グループごとに，表現を工夫した「エーデルワイス」の演奏を発表する。 ・工夫した点を紹介しながら発表する。 ・各グループの発表を聴き，工夫が表れていたところについて話し合ったり，その工夫を取り入れて全体で演奏したりする。	③知技聴取・発言・記述

注：丸数字の評価規準が設定されていない授業においても，教師の指導改善や児童の学習改善に生かすために，児童の学習状況を確認することは重要である。

5 観点別学習状況の評価の進め方

　本事例は，「Ａ表現・歌唱」，「Ａ表現・器楽」の複数の分野から内容を構成し，観点別評価を行うようにしたものである。

（1）評価規準の設定と評価計画の工夫

　本題材における評価規準は，参考資料の第2編で示した「内容のまとまりごとの評価規準」の考え方を踏まえ，題材のねらい，教材の特徴，学習活動等を考慮して設定したものである。

　本事例では，題材全体を通じて，題材の目標に対応した観点について評価することとし，目標の実現状況が見取りやすいようにした。「とんび」を取り上げた「A表現・歌唱」及び「エーデルワイス」を取り上げた「A表現・器楽」の両分野において，「知識・技能」，「思考・判断・表現」，「主体的に学習に取り組む態度」の各観点について評価規準を設定し，それらを関連付けながら評価することとした。

　観点別に評価を行う際には，5時間の配当時間内におけるバランスを考慮するとともに，1単位時間に対し平均して1〜2の評価規準を設定し，効果的・効率的に評価できるよう配慮した。

　なお，評価項目の配置については，前後の関連付けも工夫している。①技は思①の後に，③知技は思②の後にそれぞれ置いている。これは技能に関する事項ウにおける「思いや意図に合った表現をするために必要な技能」という位置付けに基づき，「思考力，判断力，表現力等」と関連付けられた技能を見取るため，ここに位置付けている。

（2）指導内容の関連付けと評価場面の精選

　題材を構想するに当たっては，適宜，〔共通事項〕アの内容を要としながら，各領域や分野の関連を図ることが重要である。本事例では，(1)歌唱における事項イ及び(2)器楽における事項イ(ア)の知識の学習について，旋律やフレーズ，反復や変化などの音楽を形づくっている要素を思考・判断のよりどころとしながら，「曲想と音楽の構造などとの関わり」という共通する知識の内容同士を結び付け，互いに関連性をもたせるよう題材を構想している。このように歌唱と器楽の学習において習得を目指す知識について，その題材の中で共通する内容として位置付けた場合，評価においても②知のように，一体のものとして評価規準を設定することが考えられる。

　また，知識と技能との関連付けも重要である。例えば，本事例で扱っているA表現(2)器楽の事項ウ(イ)の内容については，「小学校学習指導要領解説音楽編」で，事項イ(イ)に示す知識に関する内容との関連を図ることの重要性を示している（P.69）。このことを踏まえ，本事例においては，③知技のように，A表現(2)器楽の事項イ(イ)及び事項ウ(イ)について，これらを統合した評価規準として設定している。

　このように，評価計画の作成に当たっては，評価の観点の趣旨を踏まえ，評価の内容について関連性を考慮することが大切であり，場合によっては，前述のように一体的に評価することも有効である。こういった工夫によって評価場面を精選するとともに，日々の授業において児童の学習状況を適宜把握して指導の改善に生かすことが重要である。

　ただし，統合した形で一体的に評価規準を設定する場合は，評価場面や評価方法等について慎重に検討することが不可欠である。知識の評価を統合する場合としては，対応する事項の内容が共通するもの同士が考えられる（歌唱，器楽，鑑賞における「曲想と音楽の構造との関わり」など）。また，評価場面や評価方法が共通する知識と技能の評価及び技能同士の評価を統合することが考えられるが，知識と技能の評価を統合することは，器楽イ(イ)とウ(イ)のように関連性が高いもの同士に限られる。なお，「知識・技能」の評価に際して，統合した形で一体的に評価を行った場合，どの内容につ

いて課題があったかを把握し，次の題材や学期等の指導に生かすことができるようにする。

　本事例では第3時に，「範奏を聴いたり楽譜を見たりしながら」演奏する活動を行っているが，すでに本題材までの学習において「範奏を聴いたり，ハ長調の楽譜を見たりして演奏する技能」は，この活動において必要な程度に習得しており，その技能を生かして活動するものと位置付けた。したがって，本題材では当該の技能の習得状況については評価の対象としていない。しかし，その技能を活動で生かすことができていない場合には，その状況を把握し支援を行うことが不可欠である。

（3）指導に生かす評価と学習状況を記録に残す場面との関わり

　本事例で評価規準を設定して行っている評価は，評価規準に基づいて児童の学習状況をA，B，Cで判断し，一定期間（学期，年間等）の総括に集約する評価である。一方，教師は授業の中で常に児童の学習状況を把握し，それを基に児童の学習を充実させていく指導に生かす評価を行っている。指導計画や授業の展開において，このような指導に生かす評価と関わらせながら，評価規準に基づき，評価の結果を記録に残す場面を適切に位置付けていくことが重要である。

　例えば「主体的に学習に取り組む態度」は，第1時から第5時までに位置付け，各時間の学習活動に粘り強く取り組んでいるか，また，自らの学習を調整しようとしているかを継続的に見取るようにし，教師の指導改善につなげるための評価として位置付けている。この際，「知識・技能」や「思考・判断・表現」の観点の状況を踏まえた上で評価を行うことが必要である。

　学習状況を記録に残す際には，本事例の評価規準を基にしながら，「おおむね満足できる」状況，「十分満足できる」状況を判断していくことになる。その際，必要に応じて，予想される児童の姿を幅広く想定しておくことが効果的である。また，「努力を要する」状況と判断されそうな学習状況にある児童に対し，改善のための具体的な働きかけを講じて，「おおむね満足できる」状況となるように支援をすることも不可欠である。

（4）各観点別評価の方法

　本事例では，それぞれの観点について，以下の方法で評価を進めた。

観点	評価規準	【評価場面】〈評価方法〉［見取りのポイントと改善のための働きかけ］
知識・技能	①技　思いや意図に合った音楽表現をするために必要な，呼吸に気を付けて，自然で無理のない歌い方で歌う技能を身に付けて歌っている。（歌唱）	【第2時】〈演奏（歌唱）の聴取〉 ［見取りのポイントと改善のための働きかけ］フレーズごとの呼吸に気を付け，「とんび」の歌詞の表しているとんびがゆったりと飛ぶ様子にふさわしい第1，2，4フレーズにおける旋律の抑揚や，とんびが鳴きながら飛んでいる様子を表している第3フレーズでの変化を捉えた表現などが，実際の演奏で表現できているかについて，グループごとに歌う場面をつくり，演奏の聴取から評価した。必要に応じて，息の流れをイメージして手を動かして歌ったり，互いに歌声を聴き合って歌い方についてアドバイスし合ったりするなどの活動を取り入れた。
	②知　曲想と音楽の構造などとの関わりについて気付いている。（歌唱，器楽）	「とんび」と「エーデルワイス」に関する知識の学習状況について一体的に評価した。〈楽譜を記したワークシートに記述した内容，発言の内容〉 ［見取りのポイント］第1，2，4フレーズの旋律の共通点や第3フレーズが他の部分と違っていることに気付き，それを感じ取ったこと

		や想像したことと結び付けてワークシートに書いたり発言したりすることができているかについて評価した。
		【第2時】歌唱の活動において，「とんび」の曲想と音楽の構造や歌詞の内容との関わりについて気付いているかについて，その学習状況を評価した。 　[改善のための働きかけ]　必要に応じて，旋律の動きに合わせて手を動かしたり，階名で歌うなどしたりするよう働きかけた。また，第1時の学習を思い出して考えるよう促した。
		【第4時】器楽の活動において，「エーデルワイス」の曲想と音楽の構造との関わりについて気付いているかについて，その学習状況を評価した。 　[改善のための働きかけ]　必要に応じて適宜，第一次や第3時の学習を想起して考えるよう促した。
		「とんび」の歌唱と「エーデルワイス」の器楽における知識の習得状況について継続的に把握するようにし，第4時で記録に残すようにした。
知識・技能	③ 知技　リコーダーの音色や響きと演奏の仕方との関わりについて気付くとともに，思いや意図に合った表現をするために必要な，音色や響きに気を付けてリコーダーを演奏する技能を身に付けて演奏している。（器楽）	【第5時】「エーデルワイス」のリコーダー演奏に係る知識と技能として，リコーダーの音色や響きと演奏の仕方との関わりについて気付き，思いや意図に合った表現をするために必要な，音色や響きに気を付けてリコーダーを演奏する技能を身に付けて演奏しているかについて，その学習状況を評価した。演奏の聴取を中心に行いながら，補助的に発言の内容や行動の観察，そしてワークシートに記述した内容を判断の参考として総合的に評価した。また，個人やペア，グループでの活動の際に，部分的にフレーズを取り出して聴取するなど，学習形態を工夫し，発言の内容や行動の観察を組み合わせながら，実態に合った方法で評価した。〈演奏の聴取，発言の内容，楽譜を記したワークシートに記述した内容〉
		[見取りのポイント]　グループ練習の過程や発表の際の演奏の聴取から，適切な息の強さやタンギング，運指などとリコーダーの音色との関わりについて気付いたことを生かして演奏できているかや，旋律のまとまりを考えながら息継ぎをしたり，フレーズの中で音が途切れないように気を付けて演奏したりすることができているかについて評価した。また，主に発表の演奏の聴取から，第1，2，4フレーズでは，それぞれ二つのフレーズをなめらかに演奏したり，第3フレーズでは，歯切れのよい感じを出すためにタンギングに気を付けて演奏したりすることができているかについて評価した。
		[学習状況を記録に残す場面と改善のための働きかけ]　リコーダーの演奏に関する知識と技能の習得状況について継続的に把握するようにし，第5時で記録に残すようにした。なお，学習状況に課題があった場合，知識と技能のどちらに要因があるかを，発言の内容や行動の観察，そしてワークシートに記述した内容等を補助的に用いて把握するようにし，学習状況を記録に残すだけでなく，適宜，学習の改善に生かすことができるよう指導の中で働きかけを行った。

思考・判断・表現	思① 旋律，フレーズ，反復，変化を聴き取り，それらの働きが生み出すよさや面白さ，美しさを感じ取りながら，聴き取ったことと感じ取ったこととの関わりについて考え，曲の特徴を捉えた表現を工夫し，どのように歌うかについて思いや意図をもっている。（歌唱）	【第1時の後半から第2時】継続的に学習過程を見取るようにし，第2時で学習状況を記録に残すようにした。〈楽譜を記したワークシートに記述した内容，発言の内容，演奏の聴取〉［見取りのポイントと改善のための働きかけ］「とんび」の第1，2，4フレーズの上下する旋律の動きが，とんびがゆったりと飛ぶ様子をイメージさせるなど，音楽のよさや面白さを生み出している音楽を形づくっている要素の働きに着目して考えたり，第3フレーズの「ピンヨロー」の部分では，旋律の反復などの特徴を捉えて表現を工夫し，とんびが鳴きながら近付いてきたり去っていったりする様子を表そうとするなど，表現したい思いや意図をもったりしているかを評価した。必要に応じて適宜，第1時の前半で学習した歌詞の表す様子や旋律の反復など曲の特徴を踏まえて，どのように歌うか，実際に歌い試しながら工夫するように助言するなどした。
	思② 旋律，フレーズ，反復，変化を聴き取り，それらの働きが生み出すよさや面白さ，美しさを感じ取りながら，聴き取ったことと感じ取ったこととの関わりについて考え，曲の特徴を捉えた表現を工夫し，どのように演奏するかについて思いや意図をもっている。（器楽）	【第4時から第5時の前半】継続的に学習過程を見取るようにし，第5時で学習状況を記録に残すようにした。〈楽譜を記したワークシートに記述した内容，発言の内容，演奏の聴取〉［見取りのポイントと改善のための働きかけ］「エーデルワイス」の第1，2，4フレーズの上下する旋律の動きが，山々や自然を前にした気分を感じさせるなど，音楽のよさや面白さを生み出している音楽を形づくっている要素の働きに着目して考えたり，第3フレーズでの旋律の変化などの特徴を捉えて表現を工夫し，他の部分よりはっきりしたタンギングで演奏しようとするなど，表現したい思いや意図をもったりしているかを評価した。必要に応じて，「とんび」での学習で学んだことなどを思い出して，どのようなことに注意して工夫したらよいかを考えるよう働きかけた。
主体的に学習に取り組む態度	態① 曲の特徴を捉えて表現する学習に興味をもち，音楽活動を楽しみながら主体的・協働的に歌唱や器楽の学習活動に取り組もうとしている。（歌唱，器楽）	【第1時から第5時】曲想と音楽の構造や歌詞の内容との関わりについて気付いたり，曲の特徴を捉えた表現を工夫したり，思いや意図に合った音楽表現をするために必要な技能を身に付けたりする学習に，粘り強く取り組んだり，自らの学習を調整しようとする意思をもったりしているかどうかについて，継続的に見取るようにし，第5時で記録に残すようにした。〈行動観察，学習の振り返りの記述の内容，演奏の聴取〉［見取りのポイントと改善のための働きかけ］「知識・技能」や「思考・判断・表現」の観点における達成状況を踏まえながら，発言の内容に見られる学習内容への興味，友達の発言に対する反応，歌っているときの表情や体の動きの観察，歌声の聴取，グループにおいて表現の工夫に取り組んでいるときの様子や，リコーダーを演奏しているときの行動の観察から児童の学習状況を捉えるようにした。また，必要に応じて適宜，粘り強く取り組むよう励ましたり，授業のねらいを確認し自分なりに考えたり，友達の表現の工夫の特徴やよさに気付かせ，様々な工夫を試させたりするなど指導改善につなげた。このように行動観察を中心に，継続的に学習状況を把握し学習改善や指導改善に生かすようにする一方で，学習状況を記録に残す場面については題材の最後にのみ設定し，学習の振り返りの記述の内容を加味して評価した。

【第二次のワークシートの例】

「とんび」を歌った時に工夫したことを生かして、どのようにリコーダーをえんそうするか楽ふに書き、その理由を下に書きましょう。

音と音をつなげるように

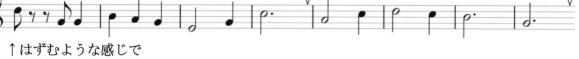

↑はずむような感じで

2だん目までは「とんび」の前半と同じように、4小せつで上がって下がるせんりつがくりかえしているから、4小せつのせんりつのまとまりを大事にして、音と音をつなげるようにふこうと思った。
そして「とんび」と同じように3だん目で感じが変わるから、ふきかたを変えるようにした。

6 観点別学習状況の評価の総括の考え方

本事例では、観点ごとに1～3の評価規準を設定している。それらを総括する場合、次のような考え方がある。

　ア　同等に扱って総括する

　イ　重点を置いて総括する

本事例では、「知識・技能」について、「知識」に関する②知, また「技能」に関する①技,「知識」と「技能」を組み合わせた③知技の合計三つの評価規準を設定し、「思考・判断・表現」については、思①と思②の二つの評価規準を設定した。この場合、②知は歌唱及び器楽の両分野について、①技と思①は歌唱分野、③知技と思②は器楽分野についての評価規準である。本事例においては、「思考・判断・表現」については指導内容に即して、どちらの評価規準も同等に重要であると判断できるため、特に重点を置く評価規準をつくらず、上のアのように同等に扱って総括したが、場合によっては題材の終末に重点を置いた総括も考えられる。

一方、「知識・技能」については、②知は歌唱及び器楽の両分野にわたって評価を行うこと、また③知技は知識と技能の両方の内容を対象とすることを考慮し、イのように題材の終末により重点を置いて（重み付けして）総括した。

その場合、総括の考え方としては、次の表のような例が考えられる。

	総括の流れ		総括の考え方の例
	評価規準	題材の観点別の評価	
ア 同等に扱って総括する	「思考・判断・表現」 思①→ 思②→ 〔同等に扱った総括〕 → A B C		Aと判断する場合 ・Aが1個以上の場合 （ただし，もう1個がCではない） Cと判断する場合 ・両方ともCの場合 Bと判断する場合 ・上記以外全て
イ 重点を置いて総括する	「知識・技能」 ①技 → ②知★ → ③知技★ → 〔重点を置いた総括〕 → A B C （★は重点を置いた評価規準）		Aと判断する場合 ・Aが2個以上の場合 （ただし，②知★又は③知技★のいずれかがCではない） Cと判断する場合 ・Cが2個以上の場合 （ただし，②知★又は③知技★のいずれかがAではない） Bと判断する場合 ・上記以外全て

　なお，本題材では，「主体的に学習に取り組む態度」については，題材において学習内容に粘り強く取り組んだり，自らの学習を調整しようとする意思をもったりしているかどうかについて継続的に見取るようにし，学習状況を記録に残す場面は題材の最後のみで行うよう設定したため，総括は不要となる。

「知識・技能」の判断状況

①技	②知★	③知技★	総括
A	A	A	A
B	A	A	A
A	A	B	A
A	B	A	A
C	A	A	A
A	A	C	B
A	C	A	B
〜			
C	C	A	B
C	A	C	B
A	C	C	C
C	B	C	C
C	C	B	C
B	C	C	C
C	C	C	C

－ 64 －

音楽科　事例２

キーワード　「知識・技能」の評価

題材名	内容のまとまり
がっきのおとをたのしもう （第１学年）「Ａ表現・音楽づくり」「Ｂ鑑賞」	〔第１学年及び第２学年〕Ａ表現(3)音楽づくり　及び 〔共通事項〕(1)／　Ｂ(1)鑑賞　及び　〔共通事項〕(1)

1　題材の目標

(1)　打楽器の音の特徴や，曲想と打楽器の音色やリズムなどの特徴との関わりに気付くとともに，即興的に音を選んだりつなげたりして表現する技能を身に付ける。

(2)　打楽器の音色を生かした音遊びを通して音楽づくりの発想を得たり，様子を表す音楽の楽しさを見いだしながら曲全体を味わって聴いたりする。

(3)　打楽器の音色やリズムに興味をもち，協働して音遊びをしたり楽しく音楽を聴いたりする学習に取り組み，生活の中の様々な音や音楽に親しむ。

2　指導事項との関連

Ａ表現(3)音楽づくり　ア(ア)，イ(ア)，ウ(ア)　　　　Ｂ鑑賞(1)　ア，イ

〔共通事項〕(1)　ア

(本題材の学習において，児童の思考・判断のよりどころとなる主な音楽を形づくっている要素：「音色」，「リズム」)

3　題材の評価規準

知識・技能	思考・判断・表現	主体的に学習に取り組む態度
①知　打楽器の音の特徴について，それらが生み出す面白さなどと関わらせて気付いている。（音楽づくり） ②知　曲想と打楽器の音色やリズムなどの特徴との関わりについて気付いている。（鑑賞） ③技　発想を生かした表現をするために必要な，設定した条件に基づいて，打楽器の音色やリズムなどを生かしながら即興的に音を選んだりつなげたりして表現する技能を身に付けて音楽をつくっている。 　（音楽づくり）	思①　音色やリズムを聴き取り，それらの働きが生み出すよさや面白さ，美しさを感じ取りながら，聴き取ったことと感じ取ったこととの関わりについて考え，様子を表す曲の楽しさを見いだし，曲全体を味わって聴いている。（鑑賞） 思②　打楽器の音色やリズムを聴き取り，それらの働きが生み出すよさや面白さ，美しさを感じ取りながら，聴き取ったことと感じ取ったこととの関わりについて考え，音遊びを通して，音楽づくりの発想を得ている。（音楽づくり）	態①　打楽器の音色やリズムに興味をもち，音楽活動を楽しみながら主体的・協働的に音楽づくりや鑑賞の学習活動に取り組もうとしている。（音楽づくり，鑑賞）

4　指導と評価の計画（5時間）

丸数字…全員の学習状況を記録に残す場面

次	◎ねらい ○学習内容 ・学習活動	評価の観点			◆評価規準　＊留意点	評価方法
		知・技	思	態		
第一次	◎打楽器による音遊びを通して，様々な音の特徴に気付く。					
第1時	○音遊びを通して，身近な打楽器の音色や音の特徴に気付く。 ・教師が鳴らした打楽器の音を聴き，音に合わせて体を動かす。 ・一人一つの打楽器をもち，順番に音を鳴らしたり，友達が打った音を模倣したりする。 ・ワークシートに自分が見付けた「すてきなおと」を絵や言葉で書き、紹介し合う。	① 知			＊主体的に学習に取り組む態度は，第1時〜第5時まで継続的に評価する。 ◆打楽器の音の特徴について，それらが生み出す面白さなどと関わらせて気付いている。	行動観察 発言内容 表情観察 ワークシート
第二次	◎打楽器の音色やリズムなどの特徴を手掛かりに時計の様子を想像し，曲の楽しさを見いだしながら曲全体を味わって聴く。					
第2時	○曲想と打楽器の音色やリズムなどの特徴との関わりに気付いて聴く。 ・「シンコペーテッド・クロック」の《はじめ》の部分に出てくるウッドブロックの音を聴き取り，それに合わせて体を動かす。 ・《なか》の部分のトライアングルの音を聴き取る。 ・ウッドブロックやトライアングルを打つまねをしながら，曲全体を通して聴く。	② 知			◆曲想と打楽器の音色やリズムなどの特徴との関わりについて気付いている。	行動観察 発言内容 (ワークシート)
第3時	○様子を表す音楽の楽しさを見いだしながら，曲全体を味わって聴く。 ・時計の様子が音楽の《はじめ》《なか》《おわり》でどのように変わるか，想像しながら聴く。 ・音楽の特徴から想像した時計の様子をワークシートに書く。 ・「シンコペーテッド・クロック」の楽しいところや面白いところを発表し合う。		①		＊②知識の評価は，第2時の行動と発言を中心に評価して記録に残し，第3時のワークシートの記述内容を加味する。 ◆音色やリズムを聴き取り，それらの働きが生み出すよさや面白さ，美しさを感じ取りながら，聴き取ったことと感じ取ったこととの関わりについて考え，様	ワークシート 発言内容

第3編
事例2

					子を表す曲の楽しさを見いだし，曲全体を味わって聴いている。	
第三次	◎打楽器の音色を生かした音遊びを通して，音楽づくりの発想を得ながら即興的に表現する。					
第4時	○時計の様子を思い浮かべながら，即興的に表現し，音楽づくりの発想を得る。 ・歌詞が表す様子を思い浮かべながら「とけいのうた」や「大きな古時計」を歌う。 ・時計のお話の絵本，時計のイラストや写真を見て，どんな音が聞こえるかを話したり，声や楽器で表したりする。 ・2～3人グループで自分たちの表したい時計を決め，打楽器で音を選んだりつなげたりする。 【設定した条件】 ◇グループの人数は2～3人。 ◇一人一つ，表したい時計に合う音の打楽器を選ぶ。 ◇はじめやおわりに気を付けて，打楽器の音をつなげたり重ねたりする。			②	＊②思考・判断・表現は第4時のグループ活動での演奏，行動，発言で評価し記録に残す。第5時で適宜，見直す。 ◆打楽器の音色やリズムを聴き取り，それらの働きが生み出すよさや面白さ，美しさを感じ取りながら，聴き取ったことと感じ取ったこととの関わりについて考え，音遊びを通して，音楽づくりの発想を得ている。	演奏聴取 行動観察 発言内容
第5時	○音楽づくりの発想を生かし，設定した条件に基づいて即興的に表現する。 ・グループで即興的に打楽器の音を組み合わせて，表したい時計の音楽を表現する。 ・つくった時計の音楽を発表し合い，友達の表現のよい点について伝え合う。	③技				◆発想を生かした表現をするために必要な，設定した条件に基づいて，打楽器の音色やリズムなどを生かしながら即興的に音を選んだりつなげたりして表現する技能を身に付けて音楽をつくっている。	行動観察 演奏聴取 発言内容
				①		◆打楽器の音色やリズムに興味をもち，音楽活動を楽しみながら主体的・協働的に音楽づくりや鑑賞の学習活動に取り組もうとしている。	行動観察 表情観察 発言内容 ワークシート

5　観点別学習状況の評価の進め方

（1）知識の評価について

　本事例では，音遊びを通して，楽器の音色や音の特徴に気付くことをきっかけとし，打楽器の音色やリズムに着目した鑑賞と，楽器の音色を生かした音楽づくりの学習に発展させていく。低学年では「音を聴いて体を動かす」「一つの楽器から様々な音を出す」「音を比べて聴き，特徴に気付く」といった活動を通して，試行錯誤し，楽しみながら打楽器の様々な音の特徴の知識を得ていくようにすることが大切である。

　ここでは，第1時の音遊び（音楽づくり）についての知識，第2時〜第3時の鑑賞についての知識の場面を取り上げ，具体的な評価の進め方を示す。

第1時　音楽づくり（音遊び）　①知識の評価場面

　打楽器の音遊びを通して，実感を伴って様々な音の特徴に気付く状況を評価する。各場面での見取りを指導に生かし，第1時終了時に総合して評価し記録に残す。

◆打楽器の音の特徴について，それらが生み出す面白さなどと関わらせて気付いている。

○学習内容　・学習活動	◇評価場面と見取りのポイント　〈評価方法〉
○音遊びを通して，身近な打楽器の音色や音の特徴に気付く。	◇音の特徴を捉えて体を動かしているか，打楽器で音の出し方を試しながら楽器の材質や構造による音の特徴や違いに気付いているか，行動，発言，表情から評価する。〈行動観察・発言内容・表情観察〉
・教師が鳴らした打楽器（ウッドブロック・トライアングル）の音を聴き，音に合わせて体を動かす。	◀・打楽器の音色やリズムの違いなど，聴き取った音の特徴が体の動きや表情に表れているか。
・円形に並べた椅子の下に置かれた小物打楽器で順番に音を鳴らす。席を替えて，何種類かの楽器を演奏する。	◀・自分の持っている楽器で音の鳴らし方を試しているか。
・一人が工夫した音の鳴らし方をしたら，似た音の楽器（例参照）を持つ児童が模倣して音を鳴らす。例：木の楽器（打つ・擦る），金属の楽器（打つ・振る・擦る・響きを止める）	◀・自分の持っている楽器と似た音を聴き分けて，音の鳴らし方を模倣しているか。打楽器の音の特徴について発言したり，つぶやいたりしているか。
・ワークシートに自分が見付けた「すてきなおと」を絵や言葉で書く。　**ワークシート記入例**	◇自分が素敵だと思った楽器を選び，音の特徴について，ワークシートに絵や言葉で記述しているかを評価する。〈ワークシート〉

♪ すてきな おとを みつけたよ ♪

1ねん　2くみ

こんな おとが したよ！

がっき の え

しゃらしゃらのおと
かちかちかち
ちょっとびっくりなきもち

　　　　　・どんな音のする楽器だったか，音を擬声語で表したり，音の特徴について記入したりしているか。

　　　　　・どこが素敵なのか，なぜ素敵だと思ったのか，楽器の音を聴いてどんな気持ちになったのかなど，自分の気持ちと関わらせた感想を記入したり，友達に紹介したりしているか。

・見付けた「すてきなおと」を紹介し合う。	

【「十分満足できる」状況（A）と判断した例】　Aと判断する際の質的な高まり

・ウッドブロックとトライアングルの音の特徴と違いを聴き取り，聴き取ったそれぞれの特徴が体の動きや表情に明確に表れている。また，感じ取った違いについて発言している。

・一つの打楽器で，様々な異なる音の鳴らし方を試したり，自分や友達が鳴らした楽器の音色の特徴や違いについて発言したりしている。

・自分の気に入った打楽器について音の特徴を捉えた言葉で表し，音を聴いた時に感じた気持ちと関わらせてワークシートに記入している。

【「努力を要する」状況（C）と判断されそうな児童への働きかけの例】

・音の特徴に合う友達の動きに注目させて，まねて動くように声をかけ，行動のよさを認める。

・音の出し方の例を示したり，友達の音の出し方をまねてもよいことを助言したりする。

・どの楽器の音が気に入ったのか，その理由を確認し，「カタカタ」「コーン」など擬声語を使って表してもよいことを伝える。

第2時～第3時　鑑賞　②知識の評価場面

　　第2時は，曲想と打楽器の音色やリズムなどの特徴との関わりに気付いて聴いている学習状況を記録に残す場面とする。なお，第3時は主に鑑賞の「思考・判断・表現」を評価するが，ワークシートに曲想と打楽器の音色やリズムなどの特徴との関わりについて記述している場合は，②知識の評価に加味する。

◆曲想と打楽器の音色やリズムなどの特徴との関わりについて気付いている。

○学習内容　・学習活動	◇評価場面〈評価方法〉と見取りのポイント　＊留意点
第2時 ○曲想と打楽器の音色やリズムなどの特徴との関わりに気付いて聴く。 ・「シンコペーテッド・クロック」（アンダソン作曲）の《はじめ》の部分に出てくるウッドブロックの音を聴き取り，挙手する。 ・ウッドブロックのリズムに合わせて体を動かしながら《はじめ》の部分を聴き，リズムが変わる面白さを感じ取る。 ・他にも時計の音が現れるか気を付けながら《なか》の部分を聴き，トライアングルの音を聴き取る。 ・時計の音を表している楽器（ウッドブロックとトライアングル）を知り，どのように鳴らしているか，実際に試してみる。 ・ウッドブロックまたはトライアングルを打つまねをしながら《はじめ》～《なか》の部分を聴き，曲の感じがどのように変わったか発言する。	◇打楽器の音色やリズムを聴き取り，《はじめ》《なか》《おわり》の音楽の曲想の違いを感じ取って体を動かしたり，気付いたことや感じたことを発言したりしているかを評価する。 〈行動観察・発言内容〉 ＊児童によって体の動き，発言，言葉や絵など得意な表現方法があることに留意し，総合的に判断していくようにする。 ・聴き取った打楽器の音に合わせて体を動かしているか。 ・ウッドブロックやトライアングルの演奏者になったつもりで，自分の担当する楽器の音に合わせて演奏のまねをしているか。

・曲全体を通して聴き，《おわり》の部分で気付いたことや感じたことを発言する。	←・曲の《はじめ》と《なか》の部分の曲想の違い，《おわり》の部分の特徴について，楽器の音色やリズムと関わらせて発言しているか。

【「十分満足できる」状況（Ａ）と判断した例】　Ａと判断する際の質的な高まり

・《はじめ》の部分ではウッドブロックの<u>リズム</u>，《なか》の部分ではトライアングルの<u>トレモロの音に合う動き</u>で聴き取った音の特徴を表したり，演奏のまねをしたりしている。

・ウッドブロックやトライアングルの音について気が付いたことと，《はじめ》と《なか》の部分の曲想の違いとを結び付けて，<u>友達や教師に分かりやすく話している</u>。

・《おわり》の部分のウッドブロックの<u>リズムの変化</u>や，最後に現れたカウベルと笛の<u>音の特徴を捉えて</u>，気付いたことや感じ取ったことを<u>発言している</u>。

【「努力を要する」状況（Ｃ）と判断されそうな児童への働きかけの例】

・教師がリズムに合った動きを例示し，模倣させる。また，隣の友達と互いの動きを見合いながら体を動かすことで，ウッドブロックのリズムが変わる部分を聴き取らせるようにする。

・楽器を演奏するまねができていない様子が見られた場合，教師がウッドブロックを演奏するまねをして見せ，再度，《はじめ》の部分を聴くようにする。

・「初めて現れた音がなかったか」尋ね，再度，《おわり》の部分を聴き，ウッドブロックのリズムの変化，カウベルや笛の音に気付くようにする。

・友達の発言に対して「同じ考えですか」「本当にそうでしたか」など，自分の気付きと重ねて考えられるような問いかけをする。

第３時	ワークシート記入例
○様子を表す音楽の楽しさを見いだしながら，曲全体を味わって聴く。 ・時計の様子が音楽の《はじめ》《なか》《おわり》でどのように変わるか，想像しながら聴く。 ・音楽の特徴から想像した時計の様子を絵や言葉でワークシートに書く。 ・「シンコペーテッド・クロック」の楽しいところや面白いところを発表する。	とけいのおんがくをきこう！「シンコペーテッド クロック」 なまえ １ねん ２ くみ ♪ おんがくのなかの とけい は、どんな ようす でしたか？　えや ことばで かきましょう。 はじめ　／　なか　／　おわり あさだよ。おきて。ちこくしちゃうよ。 きにいったのは（ はじめ・なか・おわり ）です。どうしてかというと、なっているところがびっくりしておもしろかった からです。

第３時のワークシートより

【「十分満足できる」状況（Ａ）と判断した例】　Ａと判断する際の質的な高まり

・曲全体を聴いて想像した<u>時計の様子や曲の感じと</u>，打楽器の音色やリズムなど<u>音楽の特徴とを関わらせて</u>，絵や言葉で表して，ワークシートに記入している。

【「努力を要する」状況（Ｃ）と判断されそうな児童への働きかけの例】

・《はじめ》《なか》《おわり》の中でどこが一番気に入ったか尋ね，その部分の友達の発言を参考にして自分の感じたことを書くようにする。

（2）技能の評価について

　第4時〜第5時は，第2時〜第3時で時計の様子を表す音楽を鑑賞した学習を基にして，グループで時計の様子を表す音楽をつくる。第1時の音遊びで気付いた打楽器の音の特徴を生かし，友達と時計の音を表す音の出し方を試しながら，即興的に音を選んだりつなげたりして表現する技能を身に付けて音楽をつくっていくようにする。

　ここでは，音楽づくり「ウ(ア) 設定した条件に基づいて，即興的に音を選んだりつなげたりして表現する技能」の場面を取り上げ，具体的な評価の進め方を示す。なお，音楽づくりの技能は即興的に表現する技能や音楽をつくる技能を評価するものであり，つくった音楽を演奏する技能について評価するものではないことに留意する必要がある。

<table>
<tr><td colspan="2">

第4時〜第5時　音楽づくり（音遊び）　③技能の評価場面

　第4時では音楽づくりの発想を得て，即興的に音を選んだりつなげたりしている状況の評価を指導に生かすようにし，グループで音をつなげたり重ねたりして発表した第5時に記録に残す。

◆発想を生かした表現をするために必要な，設定した条件に基づいて，打楽器の音色やリズムなどを生かしながら即興的に音を選んだりつなげたりして表現する技能を身に付けて音楽をつくっている。

</td></tr>
<tr><td>○学習内容　・学習活動</td><td>◇評価場面〈評価方法〉と見取りのポイント　＊留意点</td></tr>
</table>

第3編 事例2

○学習内容　・学習活動	◇評価場面〈評価方法〉と見取りのポイント　＊留意点
第4時 ○時計の様子を思い浮かべながら，即興的に表現し，音楽づくりの発想を得る。 ・歌詞が表す様子を思い浮かべながら「とけいのうた」（筒井敬介作詞／村上太朗作曲）や「大きな古時計」（保富康午作詞／ワーク作曲）を歌う。 ・時計のお話の絵本，時計のイラストや写真を見て，どのような音が聞こえるか話したり，声で表したりする。 ・楽器の音で表すとどのような音になるか試す。 ・2〜3人グループで自分たちの表したい時計を決め，打楽器で音を選んだりつなげたりする。	◇お話や絵などから発想を得て，どのように音で表したらよいか言葉や擬声語で発言したり，時計に合う音を見付けて楽器で表したりしている状況を評価する。〈行動観察・発言内容〉 ・お話や絵などから想像される時計の音について発言したり，音を擬声語で表したりしているか。 ・音を注意深く聴いて，時計に合う音を試しているか。 ・表したい時計の音についてグループの友達と出し合った考えを基に，楽器を鳴らして音を選んだりつなげたりしているか。

【設定した条件1】
　◇グループの人数は2〜3人。
　◇一人一つ，表したい時計に合う音の打楽器を選ぶ。

参考：児童の工夫例
・ギロの音が時計の針のチッチッという音に合いそう。
・ゴーンっていう柱時計の音はハンドチャイムで表したらいいかもしれない。
・シンコペーテッド・クロックみたいにカッコカッコとリズムにのってウッドブロックを打ってみよう。

＊本事例ではグループ活動でワークシートを使用しないが，以下のようなメモを用い，活動の手掛かりとし，グループ活動の見取りに活用することも考えられる。

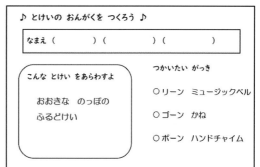

- 71 -

第5時

○音楽づくりの発想を生かし，設定した条件に基づいて即興的に表現する。

・グループで打楽器の音を組み合わせ，つなげたり重ねたりして，表したい時計の音楽をつくる。

【設定した条件2】
◇はじめやおわりに気を付けて，打楽器の音をつなげたり重ねたりする。

児童のつくった時計の音楽
例1「大きなのっぽの古時計が真夜中のベルを鳴らす」
・a児がミュージックベルをリーンリーンと速く8回鳴らす。それに重ねるようにb児がボーンボーンと4回，かねを鳴らす。その後でc児がポーンポーンポーンと遅くハンドチャイムを鳴らして終わる。

例2「はと時計」
・d児がウッドブロックでカッコカッコと打ち続ける。e児はギロを時々チリチリと鳴らす。f児のポーンポーンというハンドチャイムの音でみんなが終わる。

＊ミュージックベル及びハンドチャイムは，音階の音を一人1音ずつ分担して演奏することができる打楽器である。なお，これらには様々な名称がある。

・つくった時計の音楽を発表し合い，友達の表現のよい点について伝え合う。

＊児童が円滑に活動を進め，その状況を見取りやすくするために学習形態を工夫する。互いの表現を聴き合う場面では学級全体で輪をつくり，グループで音楽をつくる場面では3人で向き合うように座る。

【学習形態】 一斉　　　　　　3人グループ

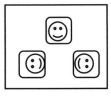

＊つくっている過程で鳴らす順序や重ね方を考えて表現しているグループを紹介し，グループでつくる際の参考にできるようにする。

◇表したい時計の様子に合う音の出し方について思い付いた発想を生かし，グループの友達と音のつなげ方や重ね方を試して音楽をつくったり発表したりしている状況を評価する。〈行動観察・演奏聴取〉

・表したい時計の様子に合う音を選んで表しているか。

・【設定した条件2】に基づいて，はじめやおわりに気を付けて，即興的に音を選んだりつなげたりしてつくっているか。

・グループでつくった音をつなげたり重ねたりして発表しているか。

【「十分満足できる」状況（A）と判断した例】　　Aと判断する際の質的な高まり

児童のつくった時計の音楽
例3「時計の針の音とベルの音。最後に壊れる」
・g児がミュージックベルをチリーンと鳴らした後，h児がウッドブロックでカコカコ…と時計の音を鳴らす。i児のハンドチャイムのカーンという合図で一度，音を止め，また，g児とh児が同じように音を鳴らし始める。だんだん速くなって，i児のハンドチャイムの音を合図に止める。

・選んだ楽器で様々な音の鳴らし方を試す中で，自分が表したい時計の様子に<u>ふさわしい音を見付けてつくっている。</u>

・友達の音を聴きながら，グループで考えたつなげ方や重ね方で<u>タイミングよく表現している。</u>

【「努力を要する」状況（C）と判断されそうな児童への働きかけの例】

・楽器の音の鳴らし方をいくつか例示して，自分の出したい音を考えるきっかけをつくるようにする。また，気に入った音があったら，どんな時計の音に合いそうか音に出して試すよう促す。

・グループの友達の音の出し方をまねたり応えたりするように声をかけ，試しながら表したい様子に合う音を見付けられるようにする。

音楽科　　事例3

キーワード　「思考・判断・表現」の評価

題材名	内容のまとまり
和音に合わせて旋律をつくろう （第5学年）「A表現・音楽づくり」	〔第5学年及び第6学年〕「A表現」(1)音楽づくり　及び 〔共通事項〕(1)

1　題材の目標

(1) 和音の響きとその移り変わりや，和音と旋律との関わりについて，それらが生み出すよさや面白さなどと関わらせて理解するとともに，思いや意図に合った表現をするために必要な，音楽の仕組みを用いて，音楽をつくる技能を身に付ける。

(2) 音楽の縦と横との関係を聴き取り，それらの働きが生み出すよさや面白さ，美しさを感じ取りながら，聴き取ったことと感じ取ったこととの関わりについて考え，旋律を工夫し，どのように全体のまとまりを意識した音楽をつくるかについて思いや意図をもつ。

(3) 和音と旋律との関わりや，音楽の仕組みを用いて旋律をつくることに興味・関心をもち，主体的・協働的に音楽づくりの学習活動に取り組み，様々な音楽との関わりを通して音楽の縦と横との関係に親しむ。

2　指導事項との関連

A　表現　(3)音楽づくり　ア(イ)，イ(イ)，ウ(イ)　　　〔共通事項〕(1)　ア

（本題材の学習において，児童の思考・判断のよりどころとなる主な音楽を形づくっている要素：「音楽の縦と横との関係」）

※本題材で扱う「音楽の縦と横との関係」とは，Ⅰ（C）－Ⅳ（F）－Ⅴ（G）－Ⅰ（C）の「和音の響き」とその移り変わり（和音進行）と，「旋律」との関係を指す。

3　題材の評価規準

知識・技能	思考・判断・表現	主体的に学習に取り組む態度
①知　和音の響きとその移り変わりや，和音と旋律との関わりについて，それらが生み出すよさや面白さなどと関わらせて理解している。 ②技　思いや意図に合った表現をするために必要な，音楽の縦と横との関係を用いて，音楽をつくる技能を身に付けてリコーダーで旋律をつくっている。	思①　音楽の縦と横との関係を聴き取り，それらの働きが生み出すよさや面白さ，美しさを感じ取りながら，聴き取ったことと感じ取ったこととの関わりについて考えている。 思②　音楽の縦と横との関係を聴き取り，それらの働きが生み出すよさや面白さ，美しさを感じ取りながら，聴き取ったことと感じ取ったこととの関わりについて考え，旋律を工夫し，どのように全体のまとまりを意識した音楽をつくるかについて思いや意図をもっている。	態①　和音と旋律との関わりを生かして音楽をつくる活動に興味・関心をもち，音楽活動を楽しみながら主体的・協働的に音楽づくりの学習活動に取り組もうとしている。

4　指導と評価の計画（4時間）　　評価の観点における丸数字…全員の学習状況を記録に残す場面

次	◎ねらい ○学習内容 ・学習活動	評価の観点 知・技	思	態	活動の様子や児童の発言例など
第一次	◎和音やその移り変わりを聴き比べたり，即興的に旋律をつくって表現したりする活動を通して，音楽の縦と横との関係について考えながら，和音と旋律との関わりについて理解する。				

◎和音やその移り変わりを聴き比べたり，即興的に旋律をつくって表現したりする活動を通して，音楽の縦と横との関係について考えながら，和音と旋律との関わりについて理解する。

第一次

第1時

○和音を聴き取り，その働きを感じ取る。

・ピアノやハンドチャイム（※）などで，ハ長調のドのみの単音とⅠの和音（ドミソ）を鳴らし，その響きの違いを聴き比べる。

・「ふじ山」や「エーデルワイス」などの既習曲の旋律に合わせて，ハンドチャイムなどでハ長調のⅠの和音を鳴らし，曲の最初で使われていることに気付く。

○和音の移り変わりを聴き取り，そのよさや美しさを感じ取る。

・Ⅰ，Ⅳ，Ⅴ（C，F，G）の和音をハンドチャイムなどで響かせ，順に4拍ずつ演奏する。

・C−F−Gの次にどの和音に移り変わると終わる感じがするかを聴き比べて考える。

・①〜③の和音の移り変わりを聴きながら，自分が感じ取ったことを友達と伝え合う。

・③の和音の移り変わりと，既習曲「茶色の小びん」の旋律とを合わせて演奏する。

○和音の移り変わりを様々に試しながら聴き比べ，旋律と和音との関わりが生み出す雰囲気の違いを感じ取る。

・「茶色の小びん」に合わせて和音をハンドチャイムなどで演奏する。

・❶〜❸の和音の移り変わりと旋律との関わりを聴き取りながら，そこから感じ取ったことを自分なりの言葉で伝えたり，ノートに書いたりする。

第2時

○「茶色の小びん」の和音と旋律との関わりについて，楽譜を確かめながら考える。

・旋律の各小節のはじめの音と和音の構成音（和音に含まれる音）が合っていることや，「続く感じの音」や「終わる感じの音」があることについて気付く。

①発言・記述

右欄：

「Ⅰ，Ⅳ，Ⅴ」は和音の種類や機能などを示すための記号である。一方，「C，F，G」は和音の略記法で「コードネーム」などと呼ばれる。本事例では主要な三和音であるⅠ，Ⅳ，Ⅴを扱っているが，ハ長調のⅠはC（ドミソ），ⅣはF（ファラド），ⅤはG（ソシレ）に対応している。本事例では，児童の学習の流れを重視して「C，F，G」の表記を採用している。

ハンドチャイム等で和音を奏でる

①C−F−G−G　②C−F−G−F
③C−F−G−C

【児童の発言例】
①続く感じがする。
②前に戻る感じがする。
③これが一番落ち着く。終わった感じがする。

※ハンドチャイムは，音階の音を一人1音ずつ分担して演奏することができる打楽器である。

❶F−G−C−F　　❷G−C−F−G
❸C−F−G−C

【児童の発言例】
・何か合わない感じがする。
・❸が落ち着く感じがする。
・旋律と和音との関係には秘密がありそう。

【児童の発言例】
・4小節目は「ミ」，8小節目は「ド」の音で終わっている。
・旋律には和音以外の音も使われている。
・和音の音から隣の音に行ったり，和音の音と音をつないだりしている。

	○設定された条件に基づいて，即興的に旋律をつくって表現し合う。 ・4人一組を基本にして，即興的に旋律をつくる。 【4人で旋律をつくるときの条件】 ●リコーダーでつくる。 ●一人4拍分つくってつなげる。 ●使う音 C＝ドレミファソ　F＝ファソラシド G＝ソラシドレ　　C＝ドレミファソ 音をどのように選んだらよいか迷っている児童には□の音から始めることをアドバイスする。） ・どのようなことを考えてつくったのかを振り返ったり，友達と伝え合ったりする。 ・和音の分担を変えながら，再び即興的に旋律をつくる。 ・活動を振り返りながら，分かったことをノートに書く。	①知発言・記述	【板書例】  【和音の分担】 C　　F　　G　　C 1人目　2人目　3人目　4人目 ※即興的に旋律をつくって表現する時には，教師が用意した和音伴奏による音源に合わせてつくる。 【ノートの記述例】 ・和音と旋律との関係が深いことがわかった。 ・旋律をつくるとき，和音の音から始めると合いやすいことがわかった。	

第二次	◎和音の響きやその移り変わり，和音と旋律との関わりについて考えながら，全体のまとまりを意識した旋律を工夫し，音楽の縦と横との関係を用いて旋律をつくる。		
第3時	○音楽をつくるための見通しをもつ。 ・C－F－G－Cの和音の移り変わりに合わせて教師が示す旋律例①②を聴き，気付いたこと，感じ取ったことを発表する。 【教師が示す旋律例①】  　　C　　F　　G　　C 【教師が示す旋律例②】 （楽譜） 　　C　　F　　G　　C ・旋律の改善方法を考え，教師が弾く旋律を聴きながら試す。 ○C－F－G－Cの和音進行を聴きながら旋律をつくる。 ・旋律をつくる条件について確認する。		【児童の反応・発言例】 ①先生，それは変だと思う。 ①和音に合っていない。 ②同じリズムが続くから細かいリズムも入れた方がいいと思う。 ②和音には合っているけど，隣の音に寄り道して変化をつけたらどうかな。 ※旋律をつくる時には，教師が用意した和音伴奏による音源等を繰り返し再生する。

【一人で旋律をつくるときの条件】
●長さは８小節を基本にする。
●「ドレミファソラシドレ（ミ）」を音域の基本に，リコーダーでつくる。
●Ｃ−Ｆ−Ｇ−Ｃの和音の移り変わりを意識してつくる。
●拍子は４／４拍子で，リズムは自分で考え工夫する。

【8小節の和音進行】

C　F　G　C
C　F　G　C

- 全体のまとまりを意識した音楽にするために，既習曲（「茶色の小びん」など）を参考にどのように構成するか（Ａ−Ａ'／Ａ−Ｂなど）を考える。
- 実際に音を出して試しながら，どのような旋律をつくりたいのかを大まかに考える。
- 旋律がある程度（４小節程度）でき上がったら，友達と聴き合ったり，教師に聴かせたりする。

②発言・記述

【児童の発言例】
- 最初は和音の音を中心に旋律をつくっていましたが，もう少しかっこよくしたかったので，隣の音や続く感じの音を入れたり，細かいリズムを使ったりしました。
- 和音の音からはじめて，最後は終わる感じにしたかったので，「ド」の音で終わるようにしました。

第４時

○和音と旋律との関わりや全体のまとまりを考えながら旋律をつくる。
- 一人ずつ８小節程度の旋律をつくる。
- つくった旋律を見直したり，新たにつくったりする。
- 旋律がある程度（８小節程度）でき上がったら，友達と聴き合ったり，教師に聴かせたりする。

○全員の旋律をリレー形式で発表する。
- 音楽づくりで学習したことについてノートに記述したり，発表したりする。

②技　聴取・記述

①行動観察・記述

【児童の反応・発言例】
- 全部四分音符でつくっているけど，音のつながりがいいと思う。
- 和音の音以外にもたくさんの音を上手に使っていて面白い。
- Ａ−Ａ'でつくろうと思ったけれど，新しい旋律をつくりたいと考えたので，こんどはＡ−Ｂでつくるようにしてみよう。

5　観点別学習状況の評価の進め方

（1）即興的に表現する活動の位置付けについて

　音楽づくりの学習では，事項ア，イ，ウのそれぞれにおいて，(ア)即興的に表現する活動と(イ)音を音楽に構成する活動の内容のまとまりを意識して指導を計画することが大切である。実際には即興的に表現する学習の中に，音楽の仕組みを用いて音を音楽に構成する活動が含まれていたり，又は音を音楽に構成する学習の中に，即興的に表現しながら音楽づくりの発想を得る活動が含まれていたりすることが考えられる。

　このような場合，取り扱う事項として(ア)と(イ)の両方について設定することも考えられるが，育成を目指す資質・能力として，どちらの内容のまとまりにねらいを置くかを考え，いずれかに絞って指導と評価を計画することが必要になることもある。

例えば，(ア)の音楽づくりの発想を得ることを主な学習内容として構想し，音楽の仕組みを用いて音楽づくりをすることを条件として設定した場合，各事項の(イ)の内容のまとまりについては，習得を目指す資質・能力としては位置付けず，また，その習得状況についての評価規準も設定しないということが考えられる（音楽づくりの題材の評価規準を作成する際のポイントについては，第1章P.50を参照）。

　同様の考え方に基づいて，本事例では，即興的に表現する活動を第2時に設定しているが，題材全体では(イ)の内容のまとまりを主な学習内容として構想し，第2時における学習を，その後の(イ)の学習につながる活動として位置付けた。なお，第1時における学習は，主に〔共通事項〕アの内容に相当すると考えることができる。そのため，評価においては「思考・判断・表現」の一部として見取っていくように設定している（思①）。

（2）本事例における思考・判断・表現の評価について

　本事例では，第1時と第4時に「思考・判断・表現」の学習状況を記録に残す場面を設定している。

　第1時では，〔共通事項〕アの内容を踏まえて，和音の移り変わりを丁寧に聴き取ったり，和音の移り変わりを様々に試したり，比較したりする活動を行う場面において，聴き取ったことと感じ取ったこととの関わりについて考えている状況を，発言やノートに記述した内容から評価する（思①）。そして，そこで考えたことを手がかりにして，第3時から第4時においては，思いや意図をもって音楽をつくることができるようにすることを目指す。

　第3時と第4時では，旋律をつくる条件に基づいて，第1，2時で実感を伴いながら考えたり理解したりしたことや，すでに習得している知識を生かし，「どのように旋律をつくるか」について思いや意図をもっている状況を評価する（思②）。本事例で大切にしたいことは，「旋律が何となくできた」で終わるのではなく，旋律をつくり上げる過程において自分なりの考えが含まれていることである。したがって，児童が気付いたことや感じ取ったこと，考えたことなどが，どのように音楽として表現されていくのかという過程を重視して指導と評価を計画している。

　また，第3時から第4時における児童の思いや意図は，試行錯誤しながら音楽をつくる過程において，このように全体を構成して旋律をつくりたいという考えをもつことである。そのため，つくっている過程やある程度音楽が形づくられた段階で思いや意図をもつこと，あるいはその過程において思いや意図が膨らむことが考えられる。したがって，全ての児童がどのように全体のまとまりを意識した音楽をつくるかについて考えをもつことができるように，教師からアドバイスを得たり，旋律を比較して聴いたりすることを通して，和音と旋律との関わりを改めて意識できるようにする場面，子供同士で思いや意図を伝え合う場面などを設定することが重要となる。

　ワークシートなどに思いや意図を記述するようにした場合，児童の書くことに対する状況の差異なども考慮し，まずは実際に音で試す活動を優先させることが大切である。その過程において「自分なりの考え」がもてるように働きかけ，最終的にはそのことを記述できるようにしていく。

　なお，つくった作品を記録する方法については，児童の実態に応じて，思いや意図が表しやすいものにすることが重要である。本事例では，音の高さと長さが分かるような記録の方法を選択している。（P.79参照）

第3編
事例3

| 第3時～第4時　音楽づくり　思考・判断・表現　| 思② |の評価場面および評価方法 |

第3時から第4時にかけて，音楽の縦と横との関係をよりどころにしながら考え，どのような旋律をつくるかについて思いや意図をもっている学習状況を評価し，第4時で記録に残すようにした。具体的には，第3時の実際に音で試しながら，どのような旋律をつくりたいのかを大まかに考える場面や，第4時の子供同士で聴き合ったり，教師に聴かせたりする場面等において，発言内容や教師との対話，ワークシートなどに記述した内容から見取るようにした。

◆音楽の縦と横との関係を聴き取り，それらの働きが生み出すよさや面白さ，美しさを感じ取りながら，聴き取ったことと感じ取ったこととの関わりについて考え，旋律を工夫し，どのように全体のまとまりを意識した音楽をつくるかについて思いや意図をもっている。

【「努力を要する」状況（C）と判断されそうな児童への働きかけの例】

【例1】 旋律は和音の構成音から選んでいるが，どのような旋律をつくるかについての思いや意図を見取ることが難しい例

＜教師の具体的な働きかけと児童の発言や様子＞	＜働きかけの意図＞
【児童の旋律例】 教師：旋律を4小節つくることができましたね。 　　　つくるときにどのようなことを考えましたか。 児童：何となく和音の音からはじめるようにして4小節つくりました。 教師：おわりの音は，どうしてこうしたのですか。 児童：シからドに上がると，和音にも合っていて落ち着く感じがしたからです。 教師：そうですね。音と音のつなげ方で，どういう感じになるかを考えることは大事です。	・このままでは思考・判断・表現の状況を把握できないので，演奏した後に思いや意図を尋ねるようにする。 ・他の箇所についても意図を尋ねるようにする。 ・思いや意図をもつことができたことを価値付ける。

・【例1】と同様に，和音の構成音から音を選び簡潔な旋律をつくった児童の中にも，例えば「ゆったりとした感じを表したいから，長い音符を使って少しずつ旋律が上がるようにした」のような思いや意図をもつ児童もいる。このような場合，児童の発言等から思いや意図を確認することができれば，この時点で「おおむね満足できる」状況（B）には達していると判断する。

・教師からの具体的な働きかけだけではなく，他の児童の演奏を聴かせたり，友達同士で思いや意図などを交流させたりして，自ら思いや意図がもてるように働きかけることが重要である。

【例2】 和音と旋律との関わり（音楽の縦と横との関係）についての思いや意図を見取ることが難しい例

（楽譜）C　F　G　C

＜教師の具体的な働きかけと児童の発言や様子＞	＜働きかけの意図＞
教師：旋律をつくる時にどのようなことを考えましたか。 児童：まとまりよくしたかったので，なるべく同じリズムを使うようにしました。 教師：繰り返す感じが，とても素敵ですね。 　　　ところで，和音と旋律との関わりは意識しましたか。 児童：それは特に考えませんでした。 教師：例えば最初の2小節を次のように変えてみたらどのような感じがするのか試してみましょう。  　　C　　　　　　F （教師の演奏するC－Fの和音に合わせて，児童が教師の提示した旋律を演奏して試す。）	・旋律が和音の構成音と合わないことが確認できたので，どのような思いや意図で旋律をつくったのかを尋ねるようにする。 ・児童の思いや意図を引き出すために，児童がつくった旋律と教師が提示する旋律とを比較する場面を設定する。児童が旋律を演奏して試す際は，音楽の縦と横との関係（和音と旋律との関わり）を意識することができるよう，教師が

教師：二つの旋律を比べて，旋律と和音との関わりはどうですか。 児童：先生が提示した方が和音と旋律が合っていて，落ち着く感じがしました。 教師：同じように３，４小節目も和音と旋律との関わりを意識して旋律をつくってみましょう。	一緒に和音を演奏する。 ・二つの旋律を比較して感じたことを尋ねることで，思いや意図が膨らむようにする。

【例２】と同様に，各小節の最初の音を和音の構成音以外の音にするなどした児童がいた場合，和音と旋律との関わりを理解した上で，例えば「少し変わった明るい感じにしたいので，あえてドミソ以外のシの音からはじめるようにした」というような思いや意図をもっていることが確認できれば，この時点で「おおむね満足できる」状況（Ｂ）には達していると判断する。

【「十分満足できる」状況（Ａ）と判断した例】　　Ａと判断する際の質的な高まり

●自分なりの考えをもって，音楽の縦と横との関係を意識しながら，【つくるときの条件】を自ら広げたり，変化させたりしている児童の発言例や記述例

・音域を広げたかったので，低いドから高いファの音を使うようにしました。でも，音の高低が激しくならないように気を付けながらつくるようにしました。

・Ａ－Ｂの構成で８小節をつくったのですが，さらに４小節を加えてＡ－Ｂ－Ａの12小節の旋律にしました。

●音楽の縦と横との関係について深く考えながら旋律をつくったり，音楽の縦と横との関係に加えて旋律やリズムについても考えながらつくったりしている児童の記述例や発言例

・８小節目は低いドから高いドへ移るようにして終わり方を強調しました。

・まずはＡ－Ａ’でつくろうと考えました。全部のフレーズを山のようにして，次の音へのつながりを意識してつくりました。そして，前半はリズムを細かくするために音を増やしたり，後半は高いミの音を試したかったので，シの音から段々と上がるようにしました。

・最初は和音の音を中心にして山型の旋律が続くようにしていきましたが，もうひと工夫したいと思いました。友達と旋律を聴き合うと，○○さんの旋律は，和音以外の音も入ってかっこよかったので，「ソからド」の間に「ラ，シ」の続くような音を入れたり，３，４小節目は旋律のつながりがよくなるようにあえて同じ音が続くように修正したりしました。

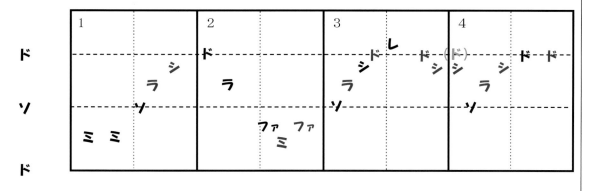

【児童のワークシート例】黒で示した箇所は変更前の音，赤で示した箇所は修正後に加えた音

第3編
事例3

題材名	内容のまとまり
地域の祭り囃子に親しもう （第3学年）「B鑑賞」	〔第3学年及び第4学年〕「B鑑賞」 (1)鑑賞　及び〔共通事項〕(1)

※本題材で扱う教材について

　本事例では，鑑賞教材として，東京都の「葛西囃子（かさいばやし）」から「前屋台」と，静岡市の「静岡浅間神社祭礼囃子」から「四丁目（しちょうめ）」を扱う。

1　題材の目標

(1)　祭り囃子の曲想及びその変化と，音楽の構造との関わりについて気付く。

(2)　祭り囃子の音色，リズム，速度，変化などを聴き取り，それらの働きが生み出すよさや面白さ，美しさを感じ取りながら，聴き取ったことと感じ取ったこととの関わりについて考え，祭り囃子の音楽や演奏のよさなどを見いだし，曲全体を味わって聴く。

(3)　祭り囃子の音楽の特徴などに興味をもち，音楽活動を楽しみながら主体的・協働的に祭り囃子の鑑賞の学習活動に取り組み，地域の祭り囃子に親しむ。

2　指導事項との関連

B　鑑賞(1)　ア，イ　〔共通事項〕(1)　ア

　（本題材の学習において，児童の思考・判断のよりどころとなる主な音楽を形づくっている要素：祭り囃子で使われる和楽器の「音色」，反復する締太鼓の「リズム」，我が国の音楽に特有の「速度」や「リズム」の「変化」）

3　題材の評価規準

知識・技能	思考・判断・表現	主体的に学習に取り組む態度
①知　祭り囃子の曲想及びその変化と，音楽の構造との関わりについて気付いている。	思①　祭り囃子の音色，リズム，速度，変化を聴き取り，それらの働きが生み出すよさや面白さ，美しさを感じ取りながら，聴き取ったことと感じ取ったこととの関わりについて考えている。 思②　祭り囃子の音色，リズム，速度，変化を聴き取り，それらの働きが生み出すよさや面白さ，美しさを感じ取りながら，聴き取ったことと感じ取ったこととの関わりについて考え，曲や演奏のよさなどを見いだし，曲全体を味わって聴いている。	態①　祭り囃子の音楽の特徴などに興味をもち，音楽活動を楽しみながら主体的・協働的に鑑賞の学習活動に取り組もうとしている。

4 指導と評価の計画（3時間）　　　　　　　　　丸数字…全員の学習状況を記録に残す場面

時	◎ねらい　○学習内容　・学習活動	知・技	思	態
第1時	◎祭り囃子の音楽の特徴に興味をもち，祭り囃子の学習についての見通しをもつ。 〈本時のめあて〉祭り囃子って何だろう？			
	○「祭り囃子はどんな音楽だろう」という疑問から，「葛西囃子」を聴く。 ・どのような場面で聴こえてくる音楽なのかを想像しながら，「葛西囃子」を聴き，気付いたことを発表する。 ・「葛西囃子」で使われている和楽器とその音色に気を付けて鑑賞する。 ・「葛西囃子」の曲想及びその変化と，和楽器の音色，リズムとの関わりについて気付いたことを発表する。 ・「葛西囃子」の音楽を聴いて，分かったことをワークシートに書き，その内容を伝え合う。 ○東京の「葛西囃子」を紹介した手紙から，静岡の祭り囃子についても，知りたい，紹介したいという願いをもつ。			
第2時	◎児童が住んでいる地域に伝わる祭り囃子（「静岡浅間神社祭礼囃子」）の締太鼓や面踊りの体験を通して，地域の祭り囃子の音楽の特徴に気付く。 〈本時のめあて〉静岡の祭り囃子の面白さのひみつを見つけよう			
	○地域の保存会の人の演奏や話を聴き，音楽の特徴に気付く。 ・静岡の祭り囃子「四丁目」を保存会の人による生演奏で聴く。 ・保存会の人から，歴史のある静岡の祭り囃子がどのように伝承されてきたかについて話を聞く。 ○締太鼓や面踊りの体験を通して曲想の変化を感じ取ったり音楽の構造を捉えたりする。 ・締太鼓の口唱歌（くちしょうが）を覚えて，基本のリズムを演奏したり，「四丁目」を聴きながら面踊りをしたりする体験を通して，「打ち込み（はじめ）」「はやし（なか）」「あげ（おわり）」という仕組みでできていることを実感する。 ○口唱歌や締太鼓，面踊りの体験を通して実感した，静岡の祭り囃子の音楽の特徴をワークシートに書く。 【児童の反応やワークシートの記述例】 ・しめ太こは，はやし（なか）の部分で，「天ツクツクツ　テレツクツ」という，口しょうがのリズムをくり返してえんそうすることが分かった。 ・あげ（おわり）になると，ゆっくりになって面おどりもおじぎをして下がることが分かった。		①発言・記述	
	◎静岡の祭り囃子（「静岡浅間神社祭礼囃子」）の音楽の特徴について気付いたことを伝え合うとともに，音楽や演奏のよさなどを見いだし，曲全体を味わって聴く。 〈本時のめあて〉静岡の祭り囃子のよさを紹介しよう			
	○静岡の祭り囃子の体験を振り返り，音楽の特徴について気付いたことを伝え合う。 ・静岡の祭り囃子の音楽を聴きながら，前時の体験学習を振り返り，音楽の特徴（祭り囃子の曲想及びその変化と，音楽の構造との関わりなど）			

第3編
事例4

についてグループで話し合う。

・指揮のように指で拍をとりながら，速度やリズムの変化を捉える。

・音楽の特徴など気付いたことについて学級全体で伝え合い，その特徴に着目しながら味わって聴く。

・前回の学習では，気付かなかった特徴に着目して，祭り囃子の音楽や演奏のよさを見いだす。

①観察（表情・行動・発言・記述）

第3時

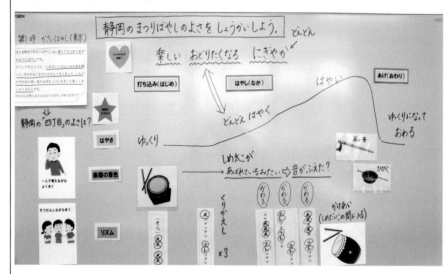

○静岡の祭り囃子のよさを伝える紹介文を書き，その内容を伝え合う。

・交流したことを生かして，紹介文をつくり意見交換する。

【児童のワークシートの記述例】
・しずおかの祭りばやしは，楽しくてどんどんもり上がる音楽です。どうしてかというと，しめ太このリズムがどんどんかわって，速くなっていくからです。

・よさの気付きを深めるため，聴き確かめたり全体を味わって聴いたりする。

○祭り囃子の音楽の学習を振り返り，友達の意見を聴いてなるほどと思ったことや，最初に聴いた時と比べて聴き方が変わったことなどを書く。

②観察（表情・行動・発言・記述）　①観察（表情・行動・発言・記述）

5　観点別学習状況の評価の進め方

　本題材では，児童が，祭り囃子の音楽の特徴などに興味をもち，主体的・協働的な学習活動を通して，音楽の特徴についての気付きを深めるとともに，祭り囃子の音楽や演奏のよさなどを見いだし，曲全体を味わって聴くことができるようにすることをねらいとしている。

　本題材の「主体的に学習に取り組む態度」の評価は，評価規準に照らし，祭り囃子の音楽の特徴（曲想及びその変化と，楽器の音色，リズム及び速度とそれらの変化などとの関わり）などに興味をもち，音楽活動を楽しみながら主体的・協働的に鑑賞の学習に取り組もうとしている学習状況を評価していくものである。その際，次の2つの側面を評価することが求められる。

　①　知識及び技能を獲得したり，思考力，判断力，表現力等を身に付けたりすることに向けた粘り強い取組を行おうとする側面

　②　①の粘り強い取組を行う中で，自らの学習を調整しようとする側面

　したがって「主体的に学習に取り組む態度」の評価は，ある場面に限定して実施するのではなく，題材

を通じて行い，それを学習の改善や指導の改善に生かすとともに，観点別の学習状況を記録に残すことにつなげていくことが重要である。

　評価を行うに当たっては，主に観察によって「努力を要する」状況（C）と判断されそうな児童の学習状況を継続的に把握し，学習の改善に向けて丁寧に児童に働きかけることが必要不可欠である。その際，「粘り強い取組を行おうとする側面」と「自らの学習を調整しようとする側面」の両方を見取り，どちらに課題があるかを把握し，指導の改善に生かすようにする。例えば，「自らの学習を調整しようとする側面」に課題が見られた場合，適宜，「十分満足できる」状況（A）と判断される児童の学習状況を他の児童へのモデルとして紹介するなどし，自らの学習を調整しようとしていけるようにすることが考えられる。指導に際しては，学習の調整に向けた取組のプロセスには，児童一人一人の特性があることから，特定の型に沿った学習の進め方を一律に指導することのないよう配慮することが必要である。

　そして，児童の観察，発言の内容とワークシートの記述内容とを関連付けながら総合的に検討し，観点別の学習状況を記録に残すことにつなげることが肝要である。

ア　各場面における評価方法と見取りのポイント

◇評価場面と方法　　・見取りのポイント　　　→改善のための働きかけの例

第1時	◇「祭り囃子はどんな音楽だろう」という疑問から，「葛西囃子」を聴く場面では，音楽の冒頭の部分を聴いたときに，集中して聴こうとしているかなどについて観察から評価する。 ・音や声を立てず，音楽の始まる瞬間に意識を向けているか。 ・どのような音楽なのかについて，興味をもって聴いているか。 ・感じたことをワークシートに書こうとしているか。 　→書くことを苦手としている児童には，「にぎやか」「楽しい」「明るい」「かなしい」「やさしい」など，掲示した「音楽の感じを表す言葉」の中から言葉を選んで書くように促す。 ◇祭り囃子について，学習したいことをワークシートに書く場面では，静岡の祭り囃子についても知りたい，紹介したいという願いをもっているかについて発言や記述内容から評価する。 　┌─────────────────────────────────┐ 　│【児童の発言やワークシートの記述例】 　│・しずおかの祭りばやしはどんな音楽か，知りたい。 　│・どんな楽きを使っているのかな。か西ばやしといっしょかな。 　│・しめ太こやかねをえんそうしてみたい。しの笛をふいてみたい。 　│・しずおかの祭りばやしのことを，ほかの人にしょうかいしてみたい。 　└─────────────────────────────────┘ ・題材を通じた目標や見通しをもとうとしているか。 　→児童の意識が祭り囃子に向くように，次時の最初に課題を明確に提示して，学習の方向を修正できるようにする。
第2時	◇保存会の人の演奏や話を聴く場面では，「静岡の祭り囃子の面白さのひみつを見つけよう」という課題を把握して学習に取り組もうとしているかについて，児童の観察から評価する。 ・集中して静岡の祭り囃子を聴いているか。 ・どのように伝承されてきたのかについて，興味をもって話を聞いているか。 ◇面踊りと締太鼓の体験活動の場面では，観察を中心に，ワークシートの記述内容も補完的に用いながら評価する。その際，知識の評価との関連を図るようにする。 ・口唱歌を覚えて，楽しんで締太鼓のリズムを打ちながら，音楽の特徴を捉えようとしているか。 　→児童が体験に集中できるように，保存会の人の演奏のまねをさせたり，待っている間も音楽に注意を向けている児童の姿を紹介し，そのような学びの姿を他の児童に広げたりする。

第3時	◇静岡の祭り囃子の体験を振り返り，音楽の特徴について話し合う場面では，静岡の祭り囃子を紹介するという目的意識をもったり，これまでの学習を生かしたりして鑑賞の学習に取り組もうとしたりしているかについて，発言の内容，観察（表情・行動）から評価する。 ・前時までの学習や体験と関連付けながら聴こうとしているか。 ・友達の発言を聞いて，うなずいたりあいづちを打ったりするなど反応しているか。 　→友達の発言をよく聞くなどして，前時までの学習を思い出すよう促す。 ◇祭り囃子のよさを伝える紹介文を書き，伝え合う場面では，今まで学んだこと（ワークシートや板書）を生かして書こうとしているかについて，発言の内容，観察（表情・行動）や，ワークシートの記述から評価する。 ・今までの学習のワークシートや板書を見ながら，ワークシートに記入をしているか。 　→前時までのワークシートの記述や板書の内容を確認させ，考えるように促す。 ・自分と友達の紹介文を比較し，音楽のよさについて考えを見直したり深めたりしているか。 ◇授業の終末に，これまでの学習の振り返りを書く場面では，友達から学ぼうとしていたか，聴き方が深まったことを自覚できているかについて，本時の振り返りの記述から評価する。 　【児童の振り返りのワークシート例】 　・はじめは，しめ太このリズムのへん化に気づかなかったけれど，Aさんの意見をきいて，もう一度きくと，本当にかわっていると分かった。

イ　「十分満足できる」状況（A）と判断された児童の例

　次に示すのは，a児の学習状況について見取ったことである。下記に示したワークシートの記述内容（吹き出し部分は，そこから教師が読み取ったこと），表情や行動の観察，児童の発言から，継続的に把握したものである。

第1時	a児は，祭り囃子の音楽に関心をもち，「葛西囃子」の鑑賞や紹介文から，自分の地域の祭り囃子について今までの生活経験からどのような音楽か想起したり，自分の地域の祭り囃子について知らないことがあることを認識したりしている発言が多い。ワークシートから静岡の祭りでは，「どのようなリズムや楽器が使われているのか」ということに興味をもち，「葛西囃子」と比較しながら聴きたいという思いが感じられる。
第2時	締太鼓の体験を待っている間も，友達の音に合わせて締太鼓を打つまねをしたり，保存会の人の演奏の様子をじっくりと見たりしている。締太鼓の口唱歌に興味を示すだけでなく，自分の打つ締太鼓の音と保存会の人が打つ音の違いに気付き，どのように打つとよい音がするのか考えながら体験していることがワークシートからも読み取れる。
第3時	「どんどん楽しくなってきて」と感じる根拠を，締太鼓のリズムや速さからだけでなく，他の楽器の音の重なりからも考えている。さらに，友達の意見のよさを理解し，自分の意見と比較しながらさらに曲のよさを見いだそうとして，協働的な学びによって自分の感じ方が深まったということを自覚している。また，保存会の人の思いまで考えながら聴き味わっている。 　これらに示したa児の学習状況は，評価規準に照らして，学習が質的に高まった状況と考え，最終的に「十分満足できる」状況（A）と判断した。

音楽ワークシート

（ ）年（ ）組（　a児　）

月日	学習のめあて	学習に対するふりかえり	先生のサイン
（第1時）	まつりばやしって何だろう？	祭りばやしのことでもっと知りたいと思ったことや、やってみたいと思ったことを書きましょう。 **しずおかのまつりばやしは、どういうリズムやがっきを使っているのか知りたい。** **かねをやってみたい。**	
（第2時）	静岡のまつりばやしの面白さのひみつを見つけよう。	①静岡の祭りばやしは、どんな音楽でしたか？ **4月のおまつりでみんなが楽しくなるようにつかわれる音楽。どんどんにぎやかになる。** ②体験をしたり、話をきいたりして、わかったことを書きましょう。 **天ツクツクツ　テレツクツ　のリズムを口唱歌をおぼえて打つ。しめだいこを打つときは、おさえずはじくように打つといい音がでる。ツクの所で大太こが入っている。**	
（第3時）	静岡のまつりばやしのよさをしょうかいしよう。	①今まで学んだことを思い出して、静岡の祭りばやしをしょうかいする文を書きましょう。 静岡のまつりばやしのよさは、**どんどん楽しくなってきておどりたくなる音楽**です。 どうしてかというと**しめだいこのリズムがくりかえすだけでなく、ちがうリズムも入ってきて、どんどんはやくなるからです。そして、4つのがっきがかさなって楽しくなっていきます。** ②じゅぎょうで、友達のいけんをきいてなるほどと思ったことや、さいしょにまつりばやしをきいた時と感じ方がかわったなと思うことがあれば、書きましょう。 **dさんの音の強さもかわっているといういい見をきいて、そこにも楽しさがつまっているんだと分かった。ほぞん会のみなさんは、まつりに来た人が楽しい気分になってくれるようにえんそうしてくれているんだと感じた。**	

吹き出しの注釈：
- 葛西囃子の鑑賞を生かして、比較するために知りたいことを書いている。
- 保存会の人の話と自分が感じたことを結びつけながら考えている。
- 保存会の人の打つ姿をよく観察して体験している。
- 友達との対話を通してたくさんよさを発見したa児は、そこに保存会の人の思いも詰まっていることに気付いていった。

※各時間でワークシートに書き込む内容については，その都度，板書で提示した。

ウ　「努力を要する」状況（C）と判断されそうな児童への働きかけの例

　次に示すのは，b児の学習状況について見取ったことである。下記に示したワークシートの記述内容（吹き出し部分は，そこから教師が読み取ったこと），表情や行動の観察，児童の発言から，継続的に把握したものである。

第3編
事例4

第1時	b児は，日頃からワークシートやノートに考えを書くことを苦手としていた。書く場面では，書こうとする様子が見られなかったため，興味をもったことについて書くように声をかけた。さらに，鑑賞をしている場面の観察を丁寧に行った。しかしb児は，祭りには興味を示したものの，祭り囃子で使われる楽器の音色にあまり関心を示さなかった。 →このままの学習状況では課題が見られ，学習を調整していくための働きかけが必要であると判断し，次時の最初に，めあての確認を行うようにした。
第2時	授業の最初に，めあての確認をして活動に入った。その後も継続的に観察し，体験に集中できるように声かけを行った。b児は締太鼓の体験を通して口唱歌に興味をもち，友達と一緒に楽しみながら体験に取り組んでいた。また，ワークシートには覚えた口唱歌を自分から進んで書くなど，第1時に比べ，祭り囃子に関心が向き，学習を調整しようとする様子が見られるようになってきた。
第3時	友達の意見から締太鼓のリズムが変化したことに気付いたようだ。それについて音楽を聴いて確かめる際，リズムが変化した部分で驚きの表情を見せ，締太鼓を打つまねをしながら聴き，友達との対話を通して学びを自ら深めていった。第1時では，漠然とした聴き方をしていたため働きかけが必要であったが，体験や友達との対話から学びを深め，主体的・協働的に鑑賞の学習に取り組もうとする方向に改善が見られたので，最終的に「おおむね満足できる」状況（B）と判断した。

音楽ワークシート

（　）年（　）組（　　　b児　　）

月日	学習のめあて	学習に対するふりかえり	先生のサイン
（第1時）	まつりばやしって何だろう？	祭りばやしのことでもっと知りたいと思ったことや、やってみたいと思ったことを書きましょう。 **おまつりにいってみたい。** **わなげ　金魚すくい　しゃてき**	
（第2時）	静岡のまつりばやしの面白さのひみつを見つけよう。	①静岡の祭りばやしは、どんな音楽でしたか？ **自分がしらない音楽だった。おどりたくなるかんじだった。** ②体験をしたり、話をきいたりして、わかったことを書きましょう。 **天ツクツクツ　テレックツ　のリズムをたくさん打つことができた。** **面をつけておどることをはじめて知った。**	
（第3時）	静岡のまつりばやしのよさをしょうかいしよう。	①今まで学んだことを思い出して、静岡の祭りばやしをしょうかいする文を書きま〔〕 静岡のまつりばやしのよさは、**もりあがるところ**　です。 どうしてかというと　**しめだいこがたくさん打っていたから**　です。 ②じゅぎょうで、友達のいけんをきいてなるほどと思ったことや、さいしょにまつりばやしをきいた時と感じ方がかわったなと思うことがあれば、書きましょう。 **はじめは分からなかったけれど,e君がしめ太このリズムがかわっていくと言っていたので,気を付けてきいていたら,リズムがどんどんかわっていくことが分かったよ。**	

【第1時の吹き出し】祭りそのものに興味・関心があり、祭り囃子の鑑賞をしたことを生かして、今後の学習へつなげることができていない。次時の最初に祭り囃子の音楽へ関心を高める投げかけが必要である。

【第2時の吹き出し】祭り囃子への関心が高まり、学習への調整を行うことができつつある。体験により、楽器の音色やリズムにも目を向けるようになってきた。

【第3時の吹き出し】締太鼓がたくさん打っているように聴こえたのは、リズムが変わってからだと気付き、友達との対話から学びを深めている。

また，次のような児童への働きかけの例もある。下に示したように，教師が働きかけることにより，児童が自らの学習を調整しようとする姿が見られるようになった。

第2時	・c児は面踊りのお面そのものの面白さに意識が向き，音楽を聴かずにふざけて踊ってしまい，その姿に他の児童も影響されている状況であった。 →音楽のリズムに合わせて踊っている児童を認め，よい点を他の児童に気付かせるようにした。 ・c児は次第に音楽に意識が向くようになり，リズムの変化をよく聴いて動く姿が見られ，友達の姿から学ぶことの大切さに気付くようになっていった。

〇参考「生活や社会の中の音や音楽と豊かに関わる資質・能力」の育成に向けて

本事例の学習の後には，次のような児童の姿が見られました。

・おじいさんに，静岡の祭り囃子を紹介したワークシートを見せらたらとても喜んでくれたこと，私が口ずさんだら一緒に踊ってくれたことを嬉しそうに報告しにきた。
・京都で見た祇園囃子のよさについて，静岡のお囃子と比較して日記に書いてきた。
・静岡の祭り囃子をどうしても演奏したくなって，保存会のグループに入れてもらった。

このような児童の姿は，児童が音や音楽との関わりを自ら築き，生活を豊かにしていこうとする姿であり，教科の目標に示した「生活や社会の中の音や音楽と豊かに関わる資質・能力」の育成につながるものです。また，児童が地域の祭りの音楽に目を向け，その働きに気付くことは，音楽文化を継承，発展，創造していこうとする態度の育成の素地となるものです。

巻末資料

小学校音楽科における「内容のまとまりごとの評価規準（例）」

I 第1学年及び第2学年
1 第1学年及び第2学年の目標と評価の観点及びその趣旨

	（1）	（2）	（3）
目標	曲想と音楽の構造などとの関わりについて気付くとともに，音楽表現を楽しむために必要な歌唱，器楽，音楽づくりの技能を身に付けるようにする。	音楽表現を考えて表現に対する思いをもつことや，曲や演奏の楽しさを見いだしながら音楽を味わって聴くことができるようにする。	楽しく音楽に関わり，協働して音楽活動をする楽しさを感じながら，身の回りの様々な音楽に親しむとともに，音楽経験を生かして生活を明るく潤いのあるものにしようとする態度を養う。

（小学校学習指導要領 P.116）

観点	知識・技能	思考・判断・表現	主体的に学習に取り組む態度
趣旨	・曲想と音楽の構造などとの関わりについて気付いている。 ・音楽表現を楽しむために必要な技能を身に付け，歌ったり，演奏したり，音楽をつくったりしている。	音楽を形づくっている要素を聴き取り，それらの働きが生み出すよさや面白さ，美しさを感じ取りながら，聴き取ったことと感じ取ったこととの関わりについて考え，どのように表すかについて思いをもったり，曲や演奏の楽しさを見いだし，音楽を味わって聴いたりしている。	音や音楽に親しむことができるよう，音楽活動を楽しみながら主体的・協働的に表現及び鑑賞の学習活動に取り組もうとしている。

（改善等通知 別紙4 P.14）

2 内容のまとまりごとの評価規準（例）
「A表現」(1)歌唱 及び〔共通事項〕(1)

知識・技能	思考・判断・表現	主体的に学習に取り組む態度
・曲想と音楽の構造との関わり，曲想と歌詞の表す情景や気持ちとの関わりについて気付いている。 ・思いに合った表現をするために必要な，範唱を聴いて歌ったり，階名で模唱したり暗唱	・音楽を形づくっている要素を聴き取り，それらの働きが生み出すよさや面白さ，美しさを感じ取りながら，聴き取ったことと感じ取ったこととの関わりについて考え，曲想を感じ取って表現を工夫し，どのように歌うかについて思い	・音楽活動を楽しみながら主体的・協働的に歌唱の学習活動に取り組もうとしている。

知識・技能	思考・判断・表現	主体的に学習に取り組む態度
したりする技能を身に付けている。	をもっている。	
・思いに合った表現をするために必要な，自分の歌声及び発音に気を付けて歌う技能を身に付けている。		
・思いに合った表現をするために必要な，互いの歌声や伴奏を聴いて，声を合わせて歌う技能を身に付けている。		

「A表現」(2)器楽　及び〔共通事項〕(1)

知識・技能	思考・判断・表現	主体的に学習に取り組む態度
・曲想と音楽の構造との関わりについて気付いている。 ・楽器の音色と演奏の仕方との関わりについて気付いている。 ・思いに合った表現をするために必要な，範奏を聴いたり，リズム譜などを見たりして演奏する技能を身に付けている。 ・思いに合った表現をするために必要な，音色に気を付けて，旋律楽器及び打楽器を演奏する技能を身に付けている。 ・思いに合った表現をするために必要な，互いの楽器の音や伴奏を聴いて，音を合わせて演奏する技能を身に付けている。	・音楽を形づくっている要素を聴き取り，それらの働きが生み出すよさや面白さ，美しさを感じ取りながら，聴き取ったことと感じ取ったこととの関わりについて考え，曲想を感じ取って表現を工夫し，どのように演奏するかについて思いをもっている。	・音楽活動を楽しみながら主体的・協働的に器楽の学習活動に取り組もうとしている。

「A表現」(3)音楽づくり　及び〔共通事項〕(1)

知識・技能	思考・判断・表現	主体的に学習に取り組む態度
・声や身の回りの様々な音の特徴について，それらが生み出す面白さなどと関わらせて気	・音楽を形づくっている要素を聴き取り，それらの働きが生み出すよさや面白さ，美しさ	・音楽活動を楽しみながら主体的・協働的に音楽づくりの学習活動に取り組もうとしてい

知識・技能	思考・判断・表現	主体的に学習に取り組む態度
付いている。 ・音やフレーズのつなげ方の特徴について，それらが生み出す面白さなどと関わらせて気付いている。 ・発想を生かした表現をするために必要な，設定した条件に基づいて，即興的に音を選んだりつなげたりして表現する技能を身に付けている。 ・思いに合った表現をするために必要な，音楽の仕組みを用いて，簡単な音楽をつくる技能を身に付けている。	を感じ取りながら，聴き取ったことと感じ取ったこととの関わりについて考え，音遊びを通して，音楽づくりの発想を得ている。 ・音楽を形づくっている要素を聴き取り，それらの働きが生み出すよさや面白さ，美しさを感じ取りながら，聴き取ったことと感じ取ったこととの関わりについて考え，どのように音を音楽にしていくかについて思いをもっている。	る。

「B鑑賞」(1)鑑賞　及び〔共通事項〕(1)

知識・技能	思考・判断・表現	主体的に学習に取り組む態度
・曲想と音楽の構造との関わりについて気付いている。	・音楽を形づくっている要素を聴き取り，それらの働きが生み出すよさや面白さ，美しさを感じ取りながら，聴き取ったことと感じ取ったこととの関わりについて考え，曲や演奏の楽しさを見いだし，曲全体を味わって聴いている。	・音楽活動を楽しみながら主体的・協働的に鑑賞の学習活動に取り組もうとしている。

巻末
資料

Ⅰ　第3学年及び第4学年

1　第3学年及び第4学年の目標と評価の観点及びその趣旨

	（1）	（2）	（3）
目標	曲想と音楽の構造などとの関わりについて気付くとともに，表したい音楽表現をするために必要な歌唱，器楽，音楽づくりの技能を身に付けるようにする。	音楽表現を考えて表現に対する思いや意図をもつことや，曲や演奏のよさなどを見いだしながら音楽を味わって聴くことができるようにする。	進んで音楽に関わり，協働して音楽活動をする楽しさを感じながら，様々な音楽に親しむとともに，音楽経験を生かして生活を明るく潤いのあるものにしようとする態度を養う。

（小学校学習指導要領 P. 119）

観点	知識・技能	思考・判断・表現	主体的に学習に取り組む態度
趣旨	・曲想と音楽の構造などとの関わりについて気付いている。 ・表したい音楽表現をするために必要な技能を身に付け，歌ったり，演奏したり，音楽をつくったりしている。	音楽を形づくっている要素を聴き取り，それらの働きが生み出すよさや面白さ，美しさを感じ取りながら，聴き取ったことと感じ取ったこととの関わりについて考え，どのように表すかについて思いや意図をもったり，曲や演奏のよさなどを見いだし，音楽を味わって聴いたりしている。	音や音楽に親しむことができるよう，音楽活動を楽しみながら主体的・協働的に表現及び鑑賞の学習活動に取り組もうとしている。

（改善等通知　別紙4　P. 15）

2　内容のまとまりごとの評価規準（例）

「A表現」(1)歌唱　及び〔共通事項〕(1)

知識・技能	思考・判断・表現	主体的に学習に取り組む態度
・曲想と音楽の構造や歌詞の内容との関わりについて気付いている。 ・思いや意図に合った表現をするために必要な，範唱を聴いたり，ハ長調の楽譜を見たりして歌う技能を身に付けている。 ・思いや意図に合った表現をするために必要な，呼吸及び発	・音楽を形づくっている要素を聴き取り，それらの働きが生み出すよさや面白さ，美しさを感じ取りながら，聴き取ったことと感じ取ったこととの関わりについて考え，曲の特徴を捉えた表現を工夫し，どのように歌うかについて思いや意図をもっている。	・音楽活動を楽しみながら主体的・協働的に歌唱の学習活動に取り組もうとしている。

音の仕方に気を付けて，自然
で無理のない歌い方で歌う技
能を身に付けている。
・思いや意図に合った表現をす
るために必要な，互いの歌声
や副次的な旋律，伴奏を聴い
て，声を合わせて歌う技能を
身に付けている。

「A表現」(2)器楽　及び〔共通事項〕(1)

知識・技能	思考・判断・表現	主体的に学習に取り組む態度
・曲想と音楽の構造との関わり について気付いている。 ・楽器の音色や響きと演奏の仕 方との関わりについて気付い ている。 ・思いや意図に合った表現をす るために必要な，範奏を聴い たり，ハ長調の楽譜を見たり して演奏する技能を身に付け ている。 ・思いや意図に合った表現をす るために必要な，音色や響き に気を付けて，旋律楽器及び 打楽器を演奏する技能を身に 付けている。 ・思いや意図に合った表現をす るために必要な，互いの楽器 の音や副次的な旋律，伴奏を 聴いて，音を合わせて演奏す る技能を身に付けている。	・音楽を形づくっている要素を 聴き取り，それらの働きが生 み出すよさや面白さ，美しさ を感じ取りながら，聴き取っ たことと感じ取ったこととの 関わりについて考え，曲の特 徴を捉えた表現を工夫し，ど のように演奏するかについて 思いや意図をもっている。	・音楽活動を楽しみながら主体 的・協働的に器楽の学習活動 に取り組もうとしている。

「A表現」(3)音楽づくり　及び〔共通事項〕(1)

知識・技能	思考・判断・表現	主体的に学習に取り組む態度
・いろいろな音の響きやそれら の組合せの特徴について，そ れらが生み出すよさや面白さ	・音楽を形づくっている要素を 聴き取り，それらの働きが生 み出すよさや面白さ，美しさ	・音楽活動を楽しみながら主体 的・協働的に音楽づくりの学 習活動に取り組もうとしてい

知識・技能	思考・判断・表現	主体的に学習に取り組む態度
などと関わらせて気付いている。 ・音やフレーズのつなげ方や重ね方の特徴について，それらが生み出すよさや面白さなどと関わらせて気付いている。 ・発想を生かした表現をするために必要な，設定した条件に基づいて，即興的に音を選択したり組み合わせたりして表現する技能を身に付けている。 ・思いや意図に合った表現をするために必要な，音楽の仕組みを用いて，音楽をつくる技能を身に付けている。	を感じ取りながら，聴き取ったことと感じ取ったこととの関わりについて考え，即興的に表現することを通して，音楽づくりの発想を得ている。 ・音楽を形づくっている要素を聴き取り，それらの働きが生み出すよさや面白さ，美しさを感じ取りながら，聴き取ったことと感じ取ったこととの関わりについて考え，音を音楽へと構成することを通して，どのようにまとまりを意識した音楽をつくるかについて思いや意図をもっている。	る。

「B鑑賞」(1)鑑賞　及び〔共通事項〕(1)

知識・技能	思考・判断・表現	主体的に学習に取り組む態度
・曲想及びその変化と，音楽の構造との関わりについて気付いている。	・音楽を形づくっている要素を聴き取り，それらの働きが生み出すよさや面白さ，美しさを感じ取りながら，聴き取ったことと感じ取ったこととの関わりについて考え，曲や演奏のよさなどを見いだし，曲全体を味わって聴いている。	・音楽活動を楽しみながら主体的・協働的に鑑賞の学習活動に取り組もうとしている。

Ⅰ　第５学年及び第６学年

1　第５学年及び第６学年の目標と評価の観点及びその趣旨

	（1）	（2）	（3）
目標	曲想と音楽の構造などとの関わりについて理解するとともに，表したい音楽表現をするために必要な歌唱，器楽，音楽づくりの技能を身に付けるようにする。	音楽表現を考えて表現に対する思いや意図をもつことや，曲や演奏のよさなどを見いだしながら音楽を味わって聴くことができるようにする。	主体的に音楽に関わり，協働して音楽活動をする楽しさを味わいながら，様々な音楽に親しむとともに，音楽経験を生かして生活を明るく潤いのあるものにしようとする態度を養う。

（小学校学習指導要領 P. 121）

観点	知識・技能	思考・判断・表現	主体的に学習に取り組む態度
趣旨	・曲想と音楽の構造などとの関わりについて理解している。 ・表したい音楽表現をするために必要な技能を身に付け，歌ったり，演奏したり，音楽をつくったりしている。	音楽を形づくっている要素を聴き取り，それらの働きが生み出すよさや面白さ，美しさを感じ取りながら，聴き取ったことと感じ取ったこととの関わりについて考え，どのように表すかについて思いや意図をもったり，曲や演奏のよさなどを見いだし，音楽を味わって聴いたりしている。	音や音楽に親しむことができるよう，音楽活動を楽しみながら主体的・協働的に表現及び鑑賞の学習活動に取り組もうとしている。

（改善等通知　別紙4　P. 15）

2　内容のまとまりごとの評価規準（例）

「Ａ表現」（1）歌唱　及び〔共通事項〕（1）

知識・技能	思考・判断・表現	主体的に学習に取り組む態度
・曲想と音楽の構造や歌詞の内容との関わりについて理解している。 ・思いや意図に合った表現をするために必要な，範唱を聴いたり，ハ長調及びイ短調の楽譜を見たりして歌う技能を身に付けている。 ・思いや意図に合った表現をするために必要な，呼吸及び発	・音楽を形づくっている要素を聴き取り，それらの働きが生み出すよさや面白さ，美しさを感じ取りながら，聴き取ったことと感じ取ったこととの関わりについて考え，曲の特徴にふさわしい表現を工夫し，どのように歌うかについて思いや意図をもっている。	・音楽活動を楽しみながら主体的・協働的に歌唱の学習活動に取り組もうとしている。

音の仕方に気を付けて，自然で無理のない，響きのある歌い方で歌う技能を身に付けている。		
・思いや意図に合った表現をするために必要な，各声部の歌声や全体の響き，伴奏を聴いて，声を合わせて歌う技能を身に付けている。		

「Ａ表現」(2)器楽　及び〔共通事項〕(1)

知識・技能	思考・判断・表現	主体的に学習に取り組む態度
・曲想と音楽の構造との関わりについて理解している。 ・多様な楽器の音色や響きと演奏の仕方との関わりについて理解している。 ・思いや意図に合った表現をするために必要な，範奏を聴いたり，ハ長調及びイ短調の楽譜を見たりして演奏する技能を身に付けている。 ・思いや意図に合った表現をするために必要な，音色や響きに気を付けて旋律楽器及び打楽器を演奏する技能を身に付けている。 ・思いや意図に合った表現をするために必要な，各声部の楽器の音や全体の響き，伴奏を聴いて，音を合わせて演奏する技能を身に付けている。	・音楽を形づくっている要素を聴き取り，それらの働きが生み出すよさや面白さ，美しさを感じ取りながら，聴き取ったことと感じ取ったこととの関わりについて考え，曲の特徴にふさわしい表現を工夫し，どのように演奏するかについて思いや意図をもっている。	・音楽活動を楽しみながら主体的・協働的に器楽の学習活動に取り組もうとしている。

「Ａ表現」(3)音楽づくり　及び〔共通事項〕(1)

知識・技能	思考・判断・表現	主体的に学習に取り組む態度
・いろいろな音の響きやそれらの組合せの特徴について，そ	・音楽を形づくっている要素を聴き取り，それらの働きが生	・音楽活動を楽しみながら主体的・協働的に音楽づくりの学

<table>
<tr>
<td>

・れらが生み出すよさや面白さなどと関わらせて理解している。

・音やフレーズのつなげ方や重ね方の特徴について，それらが生み出すよさや面白さなどと関わらせて理解している。

・発想を生かした表現をするために必要な，設定した条件に基づいて，即興的に音を選択したり組み合わせたりして表現する技能を身に付けている。

・思いや意図に合った表現をするために必要な，音楽の仕組みを用いて，音楽をつくる技能を身に付けている。

</td>
<td>

・み出すよさや面白さ，美しさを感じ取りながら，聴き取ったことと感じ取ったこととの関わりについて考え，即興的に表現することを通して，音楽づくりの様々な発想を得ている。

・音楽を形づくっている要素を聴き取り，それらの働きが生み出すよさや面白さ，美しさを感じ取りながら，聴き取ったことと感じ取ったこととの関わりについて考え，音を音楽へと構成することを通して，どのように全体のまとまりを意識した音楽をつくるかについて思いや意図をもっている。

</td>
<td>

習活動に取り組もうとしている。

</td>
</tr>
</table>

「B鑑賞」(1)鑑賞　及び〔共通事項〕(1)

知識・技能	思考・判断・表現	主体的に学習に取り組む態度
・曲想及びその変化と，音楽の構造との関わりについて理解している。	・音楽を形づくっている要素を聴き取り，それらの働きが生み出すよさや面白さ，美しさを感じ取りながら，聴き取ったことと感じ取ったこととの関わりについて考え，曲や演奏のよさなどを見いだし，曲全体を味わって聴いている。	・音楽活動を楽しみながら主体的・協働的に鑑賞の学習活動に取り組もうとしている。

評価規準，評価方法等の工夫改善に関する調査研究について

平成 31 年 2 月 4 日　国立教育政策研究所長裁定
平成 31 年 4 月 12 日　一　　部　　改　　正

1　趣　旨
　　学習評価については，中央教育審議会初等中等教育分科会教育課程部会において「児童
　生徒の学習評価の在り方について」（平成 31 年 1 月 21 日）の報告がまとめられ，新しい
　学習指導要領に対応した，各教科等の評価の観点及び評価の観点に関する考え方が示され
　たところである。
　　これを踏まえ，各小学校，中学校及び高等学校における児童生徒の学習の効果的，効率
　的な評価に資するため，教科等ごとに，評価規準，評価方法等の工夫改善に関する調査研
　究を行う。

2　調査研究事項
（1）評価規準及び当該規準を用いた評価方法に関する参考資料の作成
（2）学校における学習評価に関する取組についての情報収集
（3）上記（1）及び（2）に関連する事項

3　実施方法
　　調査研究に当たっては，教科等ごとに教育委員会関係者，教師及び学識経験者等を協力
　者として委嘱し，2の事項について調査研究を行う。

4　庶　務
　　この調査研究にかかる庶務は，教育課程研究センターにおいて処理する。

5　実施期間
　　平成 31 年 4 月 19 日～令和 2 年 3 月 31 日

巻末
資料

評価規準，評価方法等の工夫改善に関する調査研究協力者（五十音順）

（職名は平成 31 年 4 月現在）

石井ゆきこ　　　　東京都港区立芝小学校主任教諭

今村　行道　　　　横浜市教育委員会事務局南部学校教育事務所首席指導主事

津田　正之　　　　国立音楽大学教授

橋本　絵理　　　　静岡市教育センター指導主事

平野　次郎　　　　筑波大学附属小学校教諭

山下　薫子　　　　東京藝術大学教授

山田　健一　　　　札幌市立栄西小学校長

国立教育政策研究所においては，次の関係官が担当した。

志民　一成　　　　国立教育政策研究所教育課程研究センター研究開発部教育課程調査官

この他，本書編集の全般にわたり，国立教育政策研究所において以下の者が担当した。

笹井　弘之　　　　国立教育政策研究所教育課程研究センター長

清水　正樹　　　　国立教育政策研究所教育課程研究センター研究開発部副部長

髙井　修　　　　　国立教育政策研究所教育課程研究センター研究開発部研究開発課長

高橋　友之　　　　国立教育政策研究所教育課程研究センター研究開発部研究開発課指導係長

奥田　正幸　　　　国立教育政策研究所教育課程研究センター研究開発部研究開発課指導係専門職

森　　孝博　　　　国立教育政策研究所教育課程研究センター研究開発部教育課程調査官

学習指導要領等関係資料について

　学習指導要領等の関係資料は以下のとおりです。いずれも，文部科学省や国立教育政策研究所のウェブサイトから閲覧が可能です。スマートフォンなどで閲覧する際は，以下の二次元コードを読み取って，資料に直接アクセスする事が可能です。本書と合わせて是非ご覧ください。

---

① 学習指導要領、学習指導要領解説　等
② 中央教育審議会答申「幼稚園、小学校、中学校、高等学校及び特別支援学校の学習指導要領等の改善及び必要な方策等について」（平成28年12月21日）
③ 中央教育審議会初等中等教育分科会教育課程部会報告「児童生徒の学習評価の在り方について」（平成31年1月21日）
④ 小学校，中学校，高等学校及び特別支援学校等における児童生徒の学習評価及び指導要録の改善等について（平成31年3月29日30文科初第1845号初等中等教育局長通知）
　　　　　　　※各教科等の評価の観点及びその趣旨や指導要録（参考様式）は，同通知に掲載。
⑤ 学習評価の在り方ハンドブック（小・中学校編）（令和元年6月）
⑥ 学習評価の在り方ハンドブック（高等学校編）（令和元年6月）
⑦ 平成29年改訂の小・中学校学習指導要領に関するQ&A
⑧ 平成30年改訂の高等学校学習指導要領に関するQ&A
⑨ 平成29・30年改訂の学習指導要領下における学習評価に関するQ&A

巻末
資料

学習評価の
在り方
ハンドブック

小・中学校編

文部科学省 国立教育政策研究所教育課程研究センター

学習指導要領

学習指導要領とは，国が定めた「教育課程の基準」です。

（学校教育法施行規則第52条，74条，84条及び129条等より）

■学習指導要領の構成
〈小学校の例〉

前文
第1章　総則
第2章　各教科
　　　第1節　　国語
　　　第2節　　社会
　　　第3節　　算数
　　　第4節　　理科
　　　第5節　　生活
　　　第6節　　音楽
　　　第7節　　図画工作
　　　第8節　　家庭
　　　第9節　　体育
　　　第10節　　外国語
第3章　特別の教科 道徳
第4章　外国語活動
第5章　総合的な学習の時間
第6章　特別活動

**総則は，以下の項目で整理され，
全ての教科等に共通する事項が記載されています。**
- 第1　小学校教育の基本と教育課程の役割
- 第2　教育課程の編成
- 第3　教育課程の実施と学習評価
- 第4　児童の発達の支援
- 第5　学校運営上の留意事項
- 第6　道徳教育に関する配慮事項

> 学習評価の
> 実施に当たっての
> 配慮事項

各教科等の目標，内容等が記載されています。
（例）第1節　国語
- 第1　目標
- 第2　各学年の目標及び内容
- 第3　指導計画の作成と内容の取扱い

平成29年改訂学習指導要領の各教科等の目標や内容は，
教育課程全体を通して育成を目指す資質・能力の三つの柱に
基づいて再整理されています。

ア 何を理解しているか，何ができるか
　　（生きて働く「知識・技能」の習得）
イ 理解していること・できることをどう使うか（未知の状況にも
　　対応できる「思考力・判断力・表現力等」の育成）
ウ どのように社会・世界と関わり，よりよい人生を送るか
　　（学びを人生や社会に生かそうとする「学びに向かう力・
　　人間性等」の涵養）

平成29年改訂「小学校学習指導要領」より
※中学校もおおむね同様の構成です。

詳しくは，文部科学省Webページ「学習指導要領のくわしい内容」をご覧ください。
(http://www.mext.go.jp/a_menu/shotou/new-cs/1383986.htm)

学習指導要領解説

学習指導要領解説とは,大綱的な基準である
学習指導要領の記述の意味や解釈などの詳細
について説明するために,文部科学省が作成
したものです。

■学習指導要領解説の構成
〈小学校 国語編の例〉

●第1章　総説
　　　　1　改訂の経緯及び基本方針
　　　　2　国語科の改訂の趣旨及び要点

> 総説
> 改訂の経緯及び
> 基本方針

●第2章　国語科の目標及び内容
　第1節　国語科の目標
　　　　1　教科の目標
　　　　2　学年の目標
　第2節　国語科の内容
　　　　1　内容の構成
　　　　2　〔知識及び技能〕の内容
　　　　3　〔思考力,判断力,表現力等〕の内容

●第3章　各学年の内容
　第1節　第1学年及び第2学年の内容
　　　　1　〔知識及び技能〕
　　　　2　〔思考力,判断力,表現力等〕
　第2節　第3学年及び第4学年の内容
　　　　1　〔知識及び技能〕
　　　　2　〔思考力,判断力,表現力等〕
　第3節　第5学年及び第6学年の内容
　　　　1　〔知識及び技能〕
　　　　2　〔思考力,判断力,表現力等〕

●第4章　指導計画の作成と内容の取扱い
　　　　1　指導計画作成上の配慮事項
　　　　2　内容の取扱いについての配慮事項
　　　　3　教材についての配慮事項

> 指導計画作成や
> 内容の取扱いに係る配慮事項

●付録
　付録1：学校教育施行規則(抄)
　付録2：小学校学習指導要領　第1章　総則
　付録3：小学校学習指導要領　第2章　第1節　国語
　付録4：教科の目標,各学年の目標及び内容の系統表
　　　　　(小・中学校国語科)
　付録5：中学校学習指導要領　第2章　第1節　国語
　付録6：小学校学習指導要領　第2章　第10節　外国語
　付録7：小学校学習指導要領　第4章　外国語活動
　付録8：小学校学習指導要領　第3章　特別の教科　道徳
　付録9：「道徳の内容」の学年段階・学校段階の一覧表
　付録10：幼稚園教育要領

> 教科等の目標
> 及び内容の概要

> 参考
> (系統性等)

> 学年や
> 分野ごとの内容

「小学校学習指導要領解説 国語編」より
※中学校もおおむね同様の構成です。「総則編」,「総合的な学習の時間編」及び「特別活動編」は異なった構成となっています。

教師は,学習指導要領で定めた資質・能力が,
児童生徒に確実に育成されているかを評価します

学習評価の基本的な考え方

学習評価は, 学校における教育活動に関し, 児童生徒の学習状況を評価するものです。「児童生徒にどういった力が身に付いたか」という学習の成果を的確に捉え, **教師が指導の改善を図る**とともに, **児童生徒自身が自らの学習を振り返って次の学習に向かうことができるようにする**ためにも, 学習評価の在り方は重要であり, 教育課程や学習・指導方法の改善と一貫性のある取組を進めることが求められます。

▌カリキュラム・マネジメントの一環としての指導と評価

各学校は, 日々の授業の下で児童生徒の学習状況を評価し, その結果を児童生徒の学習や教師による指導の改善や学校全体としての教育課程の改善, 校務分掌を含めた組織運営等の改善に生かす中で, 学校全体として組織的かつ計画的に教育活動の質の向上を図っています。

このように, 「学習指導」と「学習評価」は学校の教育活動の根幹であり, 教育課程に基づいて組織的かつ計画的に教育活動の質の向上を図る「カリキュラム・マネジメント」の中核的な役割を担っています。

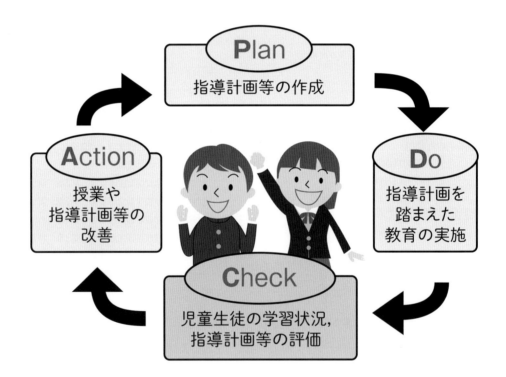

▌主体的・対話的で深い学びの視点からの授業改善と評価

指導と評価の一体化を図るためには, 児童生徒一人一人の学習の成立を促すための評価という視点を一層重視することによって, 教師が自らの指導のねらいに応じて授業の中での児童生徒の学びを振り返り, 学習や指導の改善に生かしていくというサイクルが大切です。平成29年改訂学習指導要領で重視している「主体的・対話的で深い学び」の視点からの授業改善を通して, 各教科等における資質・能力を確実に育成する上で, 学習評価は重要な役割を担っています。

☑ 教師の指導改善に
　つながるものにしていくこと

☑ 児童生徒の学習改善に
　つながるものにしていくこと

☑ これまで慣行として行われてきたことでも，
　必要性・妥当性が認められないものは
　見直していくこと

次の授業では
〇〇を重点的に
指導しよう。

〇〇のところは
もっと〜した方が
よいですね。

　詳しくは，平成31年3月29日文部科学省初等中等教育局長通知「小学校，中学校，高等学校及び特別
支援学校等における児童生徒の学習評価及び指導要録の改善等について（通知）」をご覧ください。
(http://www.mext.go.jp/b_menu/hakusho/nc/1415169.htm)

 コラム　　　　　　　　評価に戸惑う児童生徒の声

　「先生によって観点の重みが違うんです。授業態度を
とても重視する先生もいるし，テストだけで判断するという
先生もいます。そうすると，どう努力していけばよいのか
本当に分かりにくいんです。」（中央教育審議会初等
中等教育分科会教育課程部会 児童生徒の学習評価
に関するワーキンググループ第7回における高等学校
3年生の意見より）

　あくまでこれは一部の意見ですが，学習評価に対する
児童生徒のこうした意見には，適切な評価を求める切実

な思いが込められています。そのような児童生徒の声に
応えるためにも，教師は，児童生徒への学習状況の
フィードバックや，授業改善に生かすという評価の機能
を一層充実させる必要があります。教師と児童生徒が共
に納得する学習評価を行うためには，評価規準を適切に
設定し，評価の規準や方法について，教師と児童生徒
及び保護者で共通理解を図るガイダンス的な機能と，
児童生徒の自己評価と教師の評価を結び付けていく
カウンセリング的な機能を充実させていくことが重要です。

Column

学習評価の基本構造

平成29年改訂で, 学習指導要領の目標及び内容が資質・能力の三つの柱で再整理されたことを踏まえ, 各教科における観点別学習状況の評価の観点については, 「知識・技能」, 「思考・判断・表現」, 「主体的に学習に取り組む態度」の3観点に整理されています。

「学びに向かう力, 人間性等」には
①「主体的に学習に取り組む態度」として観点別評価(学習状況を分析的に捉える)を通じて見取ることができる部分と,
②観点別評価や評定にはなじまず, こうした評価では示しきれないことから個人内評価を通じて見取る部分があります。

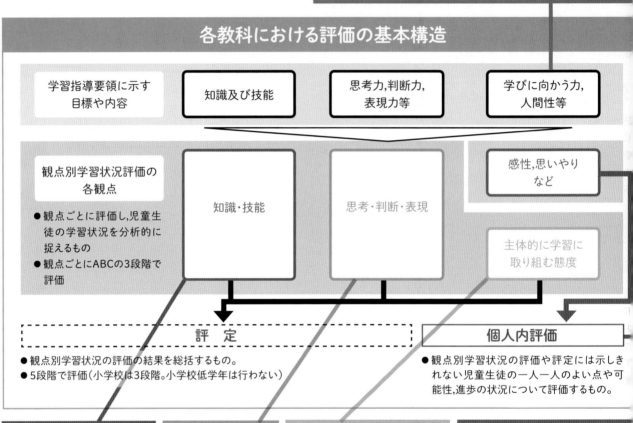

各教科における評価の基本構造

| 学習指導要領に示す目標や内容 | 知識及び技能 | 思考力,判断力,表現力等 | 学びに向かう力,人間性等 |

| 観点別学習状況評価の各観点 | 知識・技能 | 思考・判断・表現 | 感性,思いやりなど |

- 観点ごとに評価し,児童生徒の学習状況を分析的に捉えるもの
- 観点ごとにABCの3段階で評価

主体的に学習に取り組む態度

評 定
- 観点別学習状況の評価の結果を総括するもの。
- 5段階で評価(小学校は3段階。小学校低学年は行わない)

個人内評価
- 観点別学習状況の評価や評定には示しきれない児童生徒の一人一人のよい点や可能性,進歩の状況について評価するもの。

各教科等における学習の過程を通した知識及び技能の習得状況について評価を行うとともに, それらを既有の知識及び技能と関連付けたり活用したりする中で, 他の学習や生活の場面でも活用できる程度に概念等を理解したり, 技能を習得したりしているかを評価します。

各教科等の知識及び技能を活用して課題を解決する等のために必要な思考力, 判断力, 表現力等を身に付けているかどうかを評価します。

知識及び技能を獲得したり, 思考力, 判断力, 表現力等を身に付けたりするために, 自らの学習状況を把握し, 学習の進め方について試行錯誤するなど自らの学習を調整しながら, 学ぼうとしているかどうかという意思的な側面を評価します。

個人内評価の対象となるものについては, 児童生徒が学習したことの意義や価値を実感できるよう, 日々の教育活動等の中で児童生徒に伝えることが重要です。特に, 「学びに向かう力,人間性等」のうち「感性や思いやり」など児童生徒一人一人のよい点や可能性, 進歩の状況などを積極的に評価し児童生徒に伝えることが重要です。

詳しくは, 平成31年1月21日文部科学省中央教育審議会初等中等教育分科会教育課程部会「児童生徒の学習評価の在り方について (報告)」をご覧ください。
(http://www.mext.go.jp/b_menu/shingi/chukyo/chukyo3/004/gaiyou/1412933.htm)

特別の教科 道徳, 外国語活動(小学校のみ), 総合的な学習の時間, 特別活動についても, 学習指導要領で示したそれぞれの
標や特質に応じ, 適切に評価します。なお, 道徳科の評価は, 入学者選抜の合否判定に活用することのないようにする必要が
ります。

特別の教科 道徳(道徳科)

児童生徒の人格そのものに働きかけ, 道徳性を養うことを目標とする道徳科の評価としては, 観点別評価は妥当ではありません。授業において
童生徒に考えさせることを明確にして, 「道徳的諸価値についての理解を基に, 自己を見つめ, 物事を(広い視野から)多面的・多角的に考え,
この(人間としての)生き方についての考えを深める」という学習活動における児童生徒の具体的な取組状況を, 一定のまとまりの中で, 児童
徒が学習の見通しを立てたり学習したことを振り返ったりする活動を適切に設定しつつ, 学習活動全体を通して見取ります。

外国語活動(小学校のみ)

評価の観点については, 学習指導要
に示す「第1目標」を踏まえ, 右の表
参考に設定することとしています。
の3つの観点に則して児童の学習
況を見取ります。

知識・技能	思考・判断・表現	主体的に学習に取り組む態度
●外国語を通して, 言語や文化について体験的に理解を深めている。 ●日本語と外国語の音声の違い等に気付いている。 ●外国語の音声や基本的な表現に慣れ親しんでいる。	身近で簡単な事柄について, 外国語で聞いたり話したりして自分の考えや気持ちなどを伝え合っている。	外国語を通して, 言語やその背景にある文化に対する理解を深め, 相手に配慮しながら, 主体的に外国語を用いてコミュニケーションを図ろうとしている。

総合的な学習の時間

評価の観点については, 学習指導要
に示す「第1目標」を踏まえ, 各学校
おいて具体的に定めた目標, 内容に
づいて, 右の表を参考に定めること
ています。この3つの観点に則して
童生徒の学習状況を見取ります。

知識・技能	思考・判断・表現	主体的に学習に取り組む態度
探究的な学習の過程において, 課題の解決に必要な知識や技能を身に付け, 課題に関わる概念を形成し, 探究的な学習のよさを理解している。	実社会や実生活の中から問いを見いだし, 自分で課題を立て, 情報を集め, 整理・分析して, まとめ・表現している。	探究的な学習に主体的・協働的に取り組もうとしているとともに, 互いのよさを生かしながら, 積極的に社会に参画しようとしている。

特別活動

特別活動の特質と学校の創意工夫を生かすということから, 設置者ではなく, 各学校が評価の観点を定めることとしています。
の際, 学習指導要領に示す特別活動の目標や学校として重点化した内容を踏まえ, 例えば以下のように, 具体的に観点を示す
とが考えられます。

特別活動の記録								
内容	観点	学年	1	2	3	4	5	6
学級活動	よりよい生活を築くための知識・技能		○		○	○	○	
児童会活動	集団や社会の形成者としての思考・判断・表現			○	○		○	
クラブ活動	主体的に生活や人間関係をよりよくしようとする態度					○		
学校行事				○		○	○	

各学校で定めた観点を記入した上で,
内容ごとに, 十分満足できる状況にあると
判断される場合に, ○印を記入します。

○印をつけた具体的な活動の状況等
については, 「総合所見及び指導上参考
となる諸事項」の欄に簡潔に記述するこ
とで, 評価の根拠を記録に残すことがで
きます。

小学校児童指導要録(参考様式)様式2の記入例(5年生の例)

なお, 特別活動は学級担任以外の教師が指導する活動が多いことから, 評価体制を確立し, 共通理解を図って, 児童生徒の
さや可能性を多面的・総合的に評価するとともに, 確実に資質・能力が育成されるよう指導の改善に生かすことが求められます。

観点別学習状況の評価について

　観点別学習状況の評価とは，学習指導要領に示す目標に照らして，その実現状況がどのようなものであるかを，観点ごとに評価し，児童生徒の学習状況を分析的に捉えるものです。

「知識・技能」の評価の方法

　「知識・技能」の評価の考え方は，従前の評価の観点である「知識・理解」，「技能」においても重視してきたところです。具体的な評価方法としては，例えばペーパーテストにおいて，事実的な知識の習得を問う問題と，知識の概念的な理解を問う問題とのバランスに配慮するなどの工夫改善を図る等が考えられます。また，児童生徒が文章による説明をしたり，各教科等の内容の特質に応じて，観察・実験をしたり，式やグラフで表現したりするなど実際に知識や技能を用いる場面を設けるなど，多様な方法を適切に取り入れていくこと等も考えられます。

「思考・判断・表現」の評価の方法

　「思考・判断・表現」の評価の考え方は，従前の評価の観点である「思考・判断・表現」においても重視してきたところです。具体的な評価方法としては，ペーパーテストのみならず，論述やレポートの作成，発表，グループや学級における話合い，作品の制作や表現等の多様な活動を取り入れたり，それらを集めたポートフォリオを活用したりするなど評価方法を工夫することが考えられます。

「主体的に学習に取り組む態度」の評価の方法

　具体的な評価方法としては，ノートやレポート等における記述，授業中の発言，教師による行動観察や，児童生徒による自己評価や相互評価等の状況を教師が評価を行う際に考慮する材料の一つとして用いることなどが考えられます。その際，各教科等の特質に応じて，児童生徒の発達の段階や一人一人の個性を十分に考慮しながら，「知識・技能」や「思考・判断・表現」の観点の状況を踏まえた上で，評価を行う必要があります。

「主体的に学習に取り組む態度」の評価のイメージ

○「主体的に学習に取り組む態度」の評価については，①知識及び技能を獲得したり，思考力，判断力，表現力等を身に付けたりすることに向けた粘り強い取組を行おうとする側面と，②①の粘り強い取組を行う中で，自らの学習を調整しようとする側面，という二つの側面から評価することが求められる。

○これら①②の姿は実際の教科等の学びの中では別々ではなく相互に関わり合いながら立ち現れるものと考えられる。例えば，自らの学習を全く調整しようとせず粘り強く取り組み続ける姿や，粘り強さが全くない中で自らの学習を調整する姿は一般的ではない。

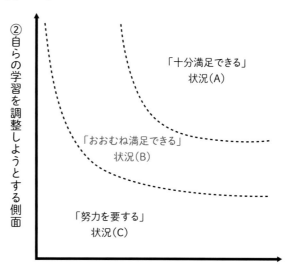

②自らの学習を調整しようとする側面

「十分満足できる」
状況（A）

「おおむね満足できる」
状況（B）

「努力を要する」
状況（C）

①粘り強い取組を行おうとする側面

　ここでの評価は，その学習の調整が「適切に行われるか」を必ずしも判断するものではなく，学習の調整が知識及び技能の習得などに結びついていない場合には，教師が学習の進め方を適切に指導することが求められます。

「自らの学習を調整しようとする側面」とは…

　自らの学習状況を把握し，学習の進め方について試行錯誤するなどの意思的な側面のことです。評価に当たっては，児童生徒が自らの理解の状況を振り返ることができるような発問の工夫をしたり，自らの考えを記述したり話し合ったりする場面，他者との協働を通じて自らの考えを相対化する場面を，単元や題材などの内容のまとまりの中で設けたりするなど，「主体的・対話的で深い学び」の視点からの授業改善を図る中で，適切に評価できるようにしていくことが重要です。

コラム

「主体的に学習に取り組む態度」は，「関心・意欲・態度」と同じ趣旨ですが…
～こんなことで評価をしていませんでしたか？～

　平成31年1月21日文部科学省中央教育審議会初等中等教育分科会教育課程部会「児童生徒の学習評価の在り方について（報告）」では，学習評価について指摘されている課題として，「関心・意欲・態度」の観点について「学校や教師の状況によっては，挙手の回数や毎時間ノートを取っているかなど，性格や行動面の傾向が一時的に表出された場面を捉える評価であるような誤解が払拭し切れていない」ということが指摘されました。これを受け，従来から重視されてきた各教科等の学習内容に関心をもつことのみならず，よりよく学ぼうとする意欲をもって学習に取り組む態度を評価するという趣旨が改めて強調されました。

Column

学習評価の充実

学習評価の妥当性, 信頼性を高める工夫の例

- 評価規準や評価方法について,事前に教師同士で検討するなどして明確にすること,評価に関する実践事例を蓄積し共有していくこと,評価結果についての検討を通じて評価に係る教師の力量の向上を図ることなど,学校として組織的かつ計画的に取り組む。

- 学校が児童生徒や保護者に対し,評価に関する仕組みについて事前に説明したり,評価結果について丁寧に説明したりするなど,評価に関する情報をより積極的に提供し児童生徒や保護者の理解を図る。

評価時期の工夫の例

- 日々の授業の中では児童生徒の学習状況を把握して指導に生かすことに重点を置きつつ,各教科における「知識・技能」及び「思考・判断・表現」の評価の記録については,原則として単元や題材などのまとまりごとに,それぞれの実現状況が把握できる段階で評価を行う。

- 学習指導要領に定められた各教科等の目標や内容の特質に照らして,複数の単元や題材などにわたって長期的な視点で評価することを可能とする。

学年や学校間の円滑な接続を図る工夫の例

- 「キャリア・パスポート」を活用し,児童生徒の学びをつなげることができるようにする。

- 小学校段階においては,幼児期の教育との接続を意識した「スタートカリキュラム」を一層充実させる。

- 高等学校段階においては,入学者選抜の方針や選抜方法の組合せ,調査書の利用方法,学力検査の内容等について見直しを図ることが考えられる。

評価方法の工夫の例

全国学力・学習状況調査
（問題や授業アイディア例）を参考にした例

平成19年度より毎年行われている全国学力・学習状況調査では，知識及び技能等を実生活の様々な場面に活用する力や，様々な課題解決のための構想を立て実践し評価・改善する力などに関わる内容の問題が出題されています。

全国学力・学習状況調査の解説資料や報告書，授業アイディア例を参考にテストを作成したり，授業を工夫したりすることもできます。

詳しくは，国立教育政策研究所Webページ「全国学力・学習状況調査」をご覧ください。

(http://www.nier.go.jp/kaihatsu/zenkokugakuryoku.html)

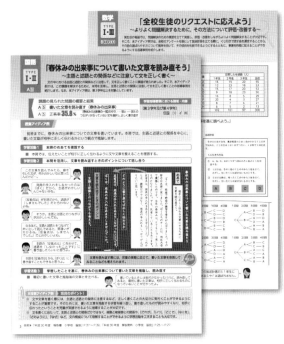

授業アイディア例

評価の方法の共有で働き方改革

ペーパーテスト等のみにとらわれず，一人一人の学びに着目して評価をすることは，教師の負担が増えることのように感じられるかもしれません。しかし，児童生徒の学習評価は教育活動の根幹であり，「カリキュラム・マネジメント」の中核的な役割を担っています。その際，助けとなるのは，教師間の協働と共有です。

評価の方法やそのためのツールについての悩みを一人で抱えることなく，学校全体や他校との連携の中で，計画や評価ツールの作成を分担するなど，これまで以上に協働と共有を進めれば，教師一人当たりの量的・時間的・精神的な負担の軽減につながります。風通しのよい評価体制を教師間で作っていくことで，評価方法の工夫改善と働き方改革にもつながります。

「指導と評価の一体化の取組状況」

A:学習評価を通じて，学習評価のあり方を見直すことや個に応じた指導の充実を図るなど，指導と評価の一体化に学校全体で取り組んでいる。

B:指導と評価の一体化の取組は，教師個人に任されている。

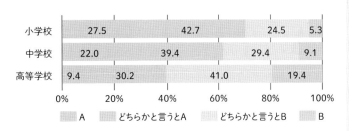

（平成29年度文部科学省委託調査「学習指導と学習評価に対する意識調査」より）

学習評価の充実

Q&A −先生方の質問にお答えします−

Q1 1回の授業で，3つの観点全てを評価しなければならないのですか。

A. 学習評価については，日々の授業の中で児童生徒の学習状況を適宜把握して指導の改善に生かすことに重点を置くことが重要です。したがって観点別学習状況の評価の記録に用いる評価については，毎回の授業ではなく原則として単元や題材などの内容や時間のまとまりごとに，それぞれの実現状況を把握できる段階で行うなど，その場面を精選することが重要です。

Q2 「十分満足できる」状況（A）はどのように判断したらよいのですか。

A. 各教科において「十分満足できる」状況（A）と判断するのは，評価規準に照らし，児童生徒が実現している学習の状況が質的な高まりや深まりをもっていると判断される場合です。「十分満足できる」状況（A）と判断できる児童生徒の姿は多様に想定されるので，学年会や教科部会等で情報を共有することが重要です。

Q3 指導要録の文章記述欄が多く，かなりの時間を要している現状を解決できませんか。

A. 本来，学習評価は日常の指導の場面で，児童生徒本人へフィードバックを行う機会を充実させるとともに，通知表や面談などの機会を通して，保護者との間でも評価に関する情報共有を充実させることが重要です。このため，指導要録における文章記述欄については，例えば，「総合所見及び指導上参考となる諸事項」については，要点を箇条書きとするなど，必要最小限のものとなるようにしました。また，小学校第3学年及び第4学年における外国語活動については，記述欄を簡素化した上で，評価の観点に即して，児童の学習状況に顕著な事項がある場合などにその特徴を記入することとしました。

Q4 評定以外の学習評価についても保護者の理解を得るにはどのようにすればよいのでしょうか。

A. 保護者説明会等において，学習評価に関する説明を行うことが効果的です。各教科等における成果や課題を明らかにする「観点別学習状況の評価」と，教育課程全体を見渡した学習状況を把握することが可能な「評定」について，それぞれの利点や，上級学校への入学者選抜に係る調査書のねらいや活用状況を明らかにすることは，保護者との共通理解の下で児童生徒への指導を行っていくことにつながります。

Q5 障害のある児童生徒の学習評価について，どのようなことに配慮すべきですか。

A. 学習評価に関する基本的な考え方は，障害のある児童生徒の学習評価についても変わるものではありません。このため，障害のある児童生徒については，特別支援学校等の助言または援助を活用しつつ，個々の児童生徒の障害の状態等に応じた指導内容や指導方法の工夫を行い，その評価を適切に行うことが必要です。また，指導要録の通級による指導に関して記載すべき事項が個別の指導計画に記載されている場合には，その写しをもって指導要録への記入に替えることも可能としました。

文部科学省
国立教育政策研究所
NIER National Institute for Educational Policy Research

令和元年6月
文部科学省　国立教育政策研究所教育課程研究センター
〒100-8951 東京都千代田区霞が関3丁目2番2号　TEL 03-6733-6833（代表）

「指導と評価の一体化」のための
学習評価に関する参考資料
【小学校　音楽】

令和 2 年 6 月 27 日	初版発行
令和 5 年 6 月 27 日	5 版発行

著作権所有　国立教育政策研究所
　　　　　　教育課程研究センター

発 行 者　東京都千代田区神田錦町 2 丁目 9 番 1 号
　　　　　コンフォール安田ビル 2 階
　　　　　株式会社　東洋館出版社
　　　　　代表者　錦織　圭之介

印 刷 者　大阪市住之江区中加賀屋 4 丁目 2 番 10 号
　　　　　岩岡印刷株式会社

発 行 所　東京都千代田区神田錦町 2 丁目 9 番 1 号
　　　　　コンフォール安田ビル 2 階
　　　　　株式会社　東洋館出版社
　　　　　電話　03-6778-7278

ISBN978-4-491-04125-4　　　定価：本体 900 円
　　　　　　　　　　　　　　　（税込 990 円）税 10％